Anton Friedrich Busching

Zum Gedächtniss der Frau Polyxene Christ. Auguste Büsching

gebornen Dilthey

Anton Friedrich Busching

Zum Gedächtniss der Frau Polyxene Christ. Auguste Büsching gebornen Dilthey

ISBN/EAN: 9783743463226

Hergestellt in Europa, USA, Kanada, Australien, Japan

Cover: Foto ©ninafisch / pixelio.de

Manufactured and distributed by brebook publishing software (www.brebook.com)

Anton Friedrich Busching

Zum Gedächtniss der Frau Polyxene Christ. Auguste Büsching

gebornen Dilthey

POLYXENE CHRIST AUG. BÜSCHING
GEB. DILTHEY.

Zum Gedächtniß der Frau Polyxene Christ. Auguste Büsching gebornen Dilthey,

von

Ihrem Freunde und Ehemann Anton Friderich Büsching.

Berlin,
gedruckt mit Wangenschen Schriften, 1777.

Freunden, und zärtlichen Seelen, wird diese Gedächtnißschrift nicht mißfallen, und nur für diese ist sie bestimmt. Sind sie selbst Ehegatten, und finden sie sich gerührt, wenn sie an die entweder bevorstehende, oder schon erfolgte Trennung von dem geliebten Gatten gedenken, so werden sie gewiß Antheil an meinem Zustande nehmen, in welchem ich diese Lebensbeschreibung meiner von mir getrenneten Ehegattin, abfasse.

Sie hat den ehemaligen fürstlich Anhaltcöthenschen Stallmeister Johann Heinrich Dilthey, und desselben Ehefrau Agnese Catharine Weidemann, zu Eltern gehabt. Ihr Vater war ein zu seinem Amt geschickter, sehr feuriger, aber rechtschaffener Mann, und ein aufrichtiger Verehrer Gottes. Ihre Mutter war eine sehr erfahrne und vernünftige Frau, von feiner Lebensart, und christlicher Gottseligkeit, aber sehr empfindlich und lebhaft. Beyde waren aus dem Fürstenthum Nassau gebürtig, er aus Hayger, sie aus Siegen, und beyde bekannten sich zu der evangelisch-reformirten Kirche. Die Vermälung der Durchl. Prinzeßin **Charlotte Friderica Amalia** von Nassau-Siegen, mit dem regierenden Fürsten **Leopold** zu Anhalt-Cöthen, brachte sie nach Cöthen, dahin der Vater von Berlin aus berufen wurde, denn er fing hier als Königl. Bereuter, mit Lieutenants Rang, an zu dienen, zu der Zeit wie Friderich Bogislav von Schwerin, erster oder Ober-Stallmeister war. In der dritten Abtheilung von Küsters altem und neuem Berlin, S. 306, kommt sein Name, aber in der unrichtigen Schreibart Dilbey, vor.

Von diesen Eltern, wurde sie im Jahr 1728 gezeuget und geboren, und erblickte das Licht der Welt zu Cöthen am eilften December. Man legte ihr bey der Taufe die Namen **Polyrene Christiane Auguste** bey. Sie war noch nicht acht Jahre alt, als 1736 die vorhin genannte verehrungswürdige Fürstin **Charlotta Friderica Amalia**, welche seit 1730 mit dem regierenden Grafen zu Schauenburg Lippe, **Albrecht Wolfgang**, in der zweyten Ehe lebte, ihre Eltern nach Stadthagen in der Grafschaft Schauenburg zog. Gottes Vorsehung verknüpft die Begebenheiten wunderbar. Diese Versetzung der Familie nach meiner Geburtsstadt, brachte mich zu der Bekanntschaft mit derselben. Noch habe ich eine lebhafte Vorstellung davon, wie ich, als zwölfjähriger Knabe, diese Fremdlinge ankommen, und vor dem für sie gemietheten Hause aussteigen sahe, und wie ich sogleich an demselben Tage Gelegenheit suchte und fand, mit den Kindern bekannt zu werden. Von solchen Eltern, als die ihrigen waren, konnte man erwarten, daß sie ihrer Tochter eine gute Erziehung geben würden, und die sorgfältige Mutter ließ sich

diesel-

dieselbige besonders sehr angelegen seyn. Ihr insonderheit, aber auch ihrem Ehemann, gefielen der vortrefliche evangelisch-lutherische Superintendent und berühmte Gelehrte, D. **Eberhard David Hauber**, und der zweyte evangelisch-lutherische Prediger, der gottselige **Anton Ludewig Edler**, besser, als der damalige und nachfolgende reformirte Prediger: denn jene Männer predigten das herrliche Evangelium des seligen Gottes auf eine würdige und sehr erweckliche Weise, und das reizte ihre Eltern, dieselben nicht nur oft zu hören, sondern auch freundschaftliche Verbindung mit ihnen zu errichten. Hieran nahmen auch die Kinder, so wie sie etwas älter wurden, Theil, und dadurch kamen sie frühzeitig zu der ewig daurenden Glückseligkeit, welche die Erkenntniß Gottes und seines zum Heil der Menschen gesandten Sohns, verschafft. Ihre Mutter besaß alle Kenntniß und Geschicklichkeit, welche man an einer Frau sucht, im reichen Maaß, war auch ungemein ordentlich, regelmäßig und arbeitsam. Ungeachtet ihr Mann durch den Banferot eines berlinischen Kaufmanns, den grösten Theil seines Vermögens verlor, so daß er ausser dem Gnadengehalt von 300 Thalern, welchen ihm die Durchl. Fürstin gab, nicht viel Einkünfte hatte: so wuste sie doch die mittelmäßigen Einkünfte also einzutheilen und anzuwenden, daß sie sehr anständig leben konnten, ja wegen ihrer klugen Sparsamkeit und beständigen Arbeitsamkeit, konnten sie auch wohlthätig seyn. Sie war also in vielen wichtigen Dingen ein musterhaftes Urbild, und eine vortrefliche Lehrmeisterin, für ihre Tochter. In dem Waisenhause zu Stadthagen, war eine gute Schule für Kinder weiblichen Geschlechts, in welche **Christiane** (man erlaube mir, sie bey ihrem gewöhnlichen Namen zu nennen,) geschickt wurde. Auf dem Clavier unterrichtete sie der da-

sige

sige Organist: weil er aber kein Tonkünstler war, so hat sie sich nachmals durch eigene Uebung etwas weiter bringen müssen. Das Clavierspiel ist ihr Lebenslang eine vorzügliche Ergötzung gewesen, welche sie täglich gesucht hat; sie würde also auch eine sehr grosse Geschicklichkeit auf demselben erlangt haben, wenn sie in ihrer Kindheit und ersten Jugend einen wahren geschmackvollen Tonkünstler zum Lehrer gehabt hätte. In der französischen Sprache brachte sie es zu einer solchen Fertigkeit, daß sie darüber oft von gebornen Franzosen und Parisern gerühmt worden. Der Grund zu derselben, wurde in dem Hause des bekannten und ehrwürdigen Gelehrten, des Herrn Joh. Heinr. Meisters, oder *le Maitre*, gelegt, welcher damals gräflich Schauenburg-Lippischer Hofprediger zu Bückeburg war, und meines Wissens noch in seinem Vaterlande, in Küßnacht, im Gebiet der Rep. Zürich, als Prediger lebet. Bey diesem hielt sie sich, und hingegen bey ihrer Mutter, desselben Tochter, eine Zeitlang auf, und dadurch wurde eine Verbindung gestiftet, welche auf einer Seite in väterlicher Freundschaft, und auf der andern in kindlicher Hochachtung bestund, und niemals aufgehöret hat. Zur Bildung der Christiane, trug ausser der Erziehung ihrer Mutter, und ausser ihrem fleißigen Lesen in nützlichen Büchern, noch dieses besonders viel bey, daß sie nicht nur den Zutritt zu der oben erwähnten Durchl. Fürstin hatte, nachdem dieselbige als Witwe zu Stadthagen ihren Wohnsitz aufschlug: sondern daß sie auch mit den adelichen Familien von Münchhausen, von Landsberg und von Oh-imb, welche in und bey Stadthagen wohnten, oft umgieng. Am lehrreichsten war ihr die verwittwete Drostin Charlotte von Münchhausen, geborne von Harling, eine Frau von grossem Verstande und sehr schätzbarem Character, in deren Nachbarschaft sie wohnte, te, und mit welcher ihre Mutter in freundschaftlicher Verbindung stund. Auch des unvergeßlichen Premierministers Gerlach Adolph von Münchhausen zu Hannover erste Gemalin, **Wilhelmine Sophie von Wangenheim**, eine gottselige, und überhaupt sehr vorzügliche Frau, war so wie meine, also auch ihre grosse Gönnerin, und war zu ihrer Bildung mit behülflich, insonderheit als sie sich zu Stadthagen einige Wochen in ihrer Mutter Hause aufhielt, und sie hierauf mit derselben nach Hannover einlud. Zu allen diesen ihr sehr vortheilhaften Umständen, kam noch ein anderer. Verschiedene Jahre nach dem Tode ihres Vaters, der einige 70 Jahre alt, plötzlich an einem Schlagflusse starb, nahm ihre Mutter, auf Verlangen der verehrungswürdigsten Fürstin, drey junge Gräfinnen aus dem Hause Schauenburg-Lippe-Alverdissen, auf einige Jahre zu sich in das Haus, welche sich insonderheit an Christianen hiengen, so daß eine jede den Vorzug in ihrer Freundschaft zu haben suchte. Sie widmete dieselbige am meisten der jüngsten Gräfin **Friderike Wilhelmine**, welche einen fähigen Kopf, und ein ungemein zärtliches Herz hatte. Dieselbe wollte alles lernen, was Christiane wuste, welches dieser zu grosser Ermunterung diente, an ihrer eigenen Verbesserung stark zu arbeiten, um der vortreflichen jungen Gräfin, mit der sie ein Herz und eine Seele war, auf alle Weise nützlich zu seyn. Die Gräfin aber verdankte ihr was sie wuste und geworden war, auf die zärtlichste Art. Es vermehrte diese Verbindung auch ihrem Umgang mit dem zwar kleinen, aber sehr wohl eingerichteten und gottseligen Hofe der Fürstin, der ihr, wie auf viele andere Art, also auch zu seinen Sitten nützlich war, und Christiane rühmte die Verdienste, welche die Hofdamen von **Cordier**, und von **Oelsniz**, jetzige Frau von **Beulwiz**, um sie hätten.

Jedoch alle Geschicklichkeit, und eine jede Eigenschaft, welche sie der feinen Welt angenehm machen koner, bestimmte ihren Werth nicht so sehr, als die Gesinnung, Gott und dem Heiland der Welt wohlzugefallen. Es konnte sie schon die Ermahnung und das Beyspiel ihrer Eltern, vornemlich ihrer gottseligen Mutter, dazu ermuntern, aber der Unterricht der Lehrer des Evangeliums, trug noch mehr dazu bey. Derjenige, welchen ihr der reformirte Prediger ertheilte, gieng zu viel auf unverständliche Schultheologie, war trocken, und befriedigte ihren forschenden Geist nicht: aber der deutliche Unterricht des D. Haubers, welcher bloß die unleugbaren Lehren des Evangeliums betraf, den Verstand aufklärte, und zur Forschung der Wahrheit reizte, hierauf aber in dem überzeugten Geist gute Gesinnung erweckte und stärkte, auch so angenehm war, daß man nicht müde wurde, den vortreflichen Mann zu hören: dieser Unterricht war ihr, so wie mir, und vielen andern jungen Leuten, unbeschreiblich vortheilhaft. Es ließ dieser grosse Lehrer es nicht dabey bewenden, daß er wöchentlich zweymal in der Kirche das Evangelium vortrug, sondern er lehrete und ermahnete auch eben so oft in seinem Hause in bestimmten Stunden, alle diejenigen, welche sich bey ihm einfanden, und sein liebstes Geschäft war, wöchentlich einmal in der Mitte einer beträchtlichen Anzahl junger Leute zu sitzen, und diesen auf eine unsäglich lehrreiche, rührende und anmuthige Weise, zu der Erkenntnis, Liebe und Ausübung des Evangeliums behülflich zu seyn, ihnen auch eben so reizende als gründliche Regeln zur Führung eines guten Wandels, zu ertheilen. Wenn er uns entließ, traten wir in kleinen Haufen zusammen, um uns zur Ausübung dessen was wir gehöret hatten, zu erwecken und zu verpflichten, und sehr oft hörete man einen und den andern ausrufen: brannten nicht unsere Herzen, als er so mit uns redete? Der liebenswürdigste Mann, gewann Christianen, ihren ältern Bruder, und mich, insonderheit lieb, als er

unsere

unsere Lehrbegierde und Folgsamkeit wahrnahm. Es war der 29ste Jänner 1741, als ihr älterer Bruder, (der jüngere starb in seiner ersten Kindheit,) und ich den festen Entschluß faßeten, Gott wohlzugefallen, redliche Bekenner des Herrn Jesu zu seyn, und einander zur treuen Erfüllung dieses Vorsatzes täglich zu erwecken. Am ersten Februar setzten wir zu diesem Ende einen schriftlichen Bundesvertrag auf, den wir in der folgenden Zeit an eben demselben Tage zu erneuern pflegten. Christiane trat auch zu diesem Bunde, den wir sehr oft bestätigten, und zum Inhalt unsers gemeinschaftlichen Gebets machten.

Ich war mit ihrem Bruder durch übereinstimmige Gesinnung, und gleich starke Neigung zum studiren, innigst verbunden. Wir liebten einander wie David und Jonathan, und er ist, außer meinen leiblichen Brüdern, die einzige Mannsperson gewesen, mit welcher ich mich du genannt habe. Wir genossen einerley Unterricht nicht nur in der Stadtschule, sondern auch bey dem D. Hauber und P. Edler, von welchen uns dieser in der hebräischen Sprache, jener aber in allen Wissenschaften, die ein Schüler lernen kann, auch in der griechischen, chaldäischen und syrischen Sprache, unterwies. Wir kamen auch täglich ein paar Stunden zusammen, theils um unsern Bund mit Gott zu stärken, theils um mit einander alte Schriftsteller zu lesen. Daher wurde ich fast wie ein Kind des Diltheyschen Hauses angesehen, ohne daß jemanden und mir der Gedanke eingefallen wäre, daß ich künftig durch Heirath mit demselben würde verbunden werden. Christiane sahe mich wie ihren Bruder, und ich sie wie meine Schwester an, ich erwies ihr auch bey aller Gelegenheit brüderliche Aufmerksamkeit und Gefälligkeit, ohne daß bey dieser unschuldigen Bemühung sich eine Ahndung von künftiger ehelicher Verbindung zeigte, weil sie noch ein Kind, und ich kaum ein angehender Jüngling war.

Im Frühjahr 1743 verließ ich Stadthagen, und gieng nach Halle. Ich blieb mit Christianen eine Zeitlang, mit ihrem Bruder aber beständig im Briefwechsel. Dieser kam 1745 auch nach Halle, und gieng schon im Frühjahr 1746 nach Zürich, ich aber besuchte gleich darauf meine Eltern zu Stadthagen, und auch meine Freundin Christiane, die ich noch in der guten Gesinnung und Unschuld antraf, in welcher ich sie verlassen hatte, und mich darüber freuete. Ich fand, daß Clavier und Gesang bey demselben, ihr größtes sinnliches Vergnügen ausmachten, sie reizten sie auch zu Versuchen in der Dichtkunst, die ich aber eben so wenig als sonst jemand zu sehen bekam. Sie fieng nun an mannbar zu werden, daher fiengen auch Anwerbungen um sie an, ob sie gleich weder schön noch reich war, aber sie war angenehm. Eine derselben machte viel Eindruck auf ihr Gemüth, gefiel aber fast niemanden, und auch mir nicht, als ich davon hörete, weil es mir vorkam, daß sie durch dieselbige würde unglücklich werden. Ihre sonst kluge Mutter verhielt sich nicht vorsichtig genug dabey, aber durch Gottes weise Regierung ward die Sache rückgängig. Ich sahe sie nicht lange hernach 1748 abermals, und sie gefiel mir etwas weniger wie ehedessen, weil ich wahrzunehmen glaubte, daß entweder jene Heirathsunterhandlung, oder der Umgang mit einer in ihrer Nachbarschaft wohnenden leichtsinnigen Frau, etwas Schatten auf ihren Charakter geworfen habe; es war aber ein Irrthum.

Im 1749sten Jahr fieng ich zum erstenmal an zu empfinden, daß es nöthig sey, mein Herz dadurch in Sicher-

Sicherheit zu setzen, daß ich für dasselbige einen Gegenstand suchen, an den es sich hängen könnte. Mein Wunsch fiel gleich auf Christianen, ich erkundigte mich, ob sie noch ledig sey? und da ich solches erfuhr, fieng ich den seit verschiedenen Jahren unterbrochenen Briefwechsel mit ihr dadurch wieder an, daß ich sie um die Abschrift eines Singestücks bat. Sie schickte mir dieselbige, und ich erkannte aus ihrem Briefe die Fortdauer ihrer guten Gesinnung. Gleich darauf beschloß ich, mit dem Herrn Grafen zu Lynar nach St. Petersburg zu reisen, und nun wagte ichs Christianen einen Antrag zu thun, der einem jeden andern und ihr selbst hätte als höchst unzeitig vorkommen können, weil ich im Begriff war, mich auf einige hundert Meilen von ihr zu entfernen, und glauben muste, daß solche Entfernung einige Jahre fortdauern werde. Jedoch ich versuchte es, schrieb aus Köstritz im Vogtlande an sie, und bat sie, sich zu erklären, ob sie, wenn ich künftig ohne mein Gesuch, durch Gottes Vorsehung, in den Zustand komme, mich verheirathen zu können, sich mit mir verbinden wolle, im Fall ihr während dieser Zeit keine andere Gelegenheit vorkomme, die ihr Herz stärker an sich zöge. Dieser unerwartete und sonderbare Antrag, setzte sie in Verwunderung, und sie unterließ nicht, die mit demselben in Ansehung ihrer und meiner verbundenen Schwierigkeiten und Bedenklichkeiten zu bemerken, sie nahm ihn aber doch an. Solche mir unendlich wichtige und angenehme Antwort, empfieng ich von ihr im December auf der Reise hier zu Berlin. Nun fieng ein Briefwechsel zwischen mir und ihr an, welcher von beyden Seiten alle Tage ohne Ausnahme fortgesetzt wurde, und eine tägliche Unterredung und Erzählung aller nur einigermassen erheblichen Vorfälle war, welche bis 1755, und also bis in das sechste Jahr fortgesetzt, auch wöchentlich zweymal mit der Post abgeschickt wurde, ein jeder von uns beyden mogte seyn,

seyn, wo er wollte. So sonderbar und undienlich auch alles dieses manchem vorkommen mögte, auch ehedessen wirklich vorgekommen ist, so vortheilhaft ist es doch für mich gewesen, und darauf kam es an. Ich war während dieser Zeit, das ist, in meinen feurigsten Jahren, vor aller Versuchung sicher; mein Herz empfand nur Christianen, ich dachte täglich tausendmal an sie, und betete für sie, ich mogte zu Lande oder zur See reisen, mich in Rußland, oder Dänemark, oder Deutschland aufhalten, und dieses Andenken geschahe bey der grösten Zärtlichkeit mit völliger Zufriedenheit, ohn alle Sorgen und ungeduldige Wünsche, ohn alle Bemühung zur Beschleunigung unserer gänzlichen Verbindung. Christiane war an ihrem Theil nicht nur eben so ruhig und zufrieden, sondern auch beständig, denn sie schlug einige neue Anträge, welche ihr während dieser Zeit geschahen, freudig aus. Uns verband weder Feyerlichkeit, noch Geschenk, sondern bloß Treue und Glaube, Zuneigung und Gewissenhaftigkeit. Unser täglicher Briefwechsel und Zweck, war einer grossen Anzahl Personen vom hohen und geringern Stande bekannt, und diese waren zum Theil um uns bekümmert, wir aber hatten keine Sorge, weil wir sie auf den Herrn unsern Gott mit gröstem Vertrauen warfen, hingegen waren uns die Posttage wahre Freudentage. Viele unserer Gönner und Freunde haben oft gefragt, ob nicht die erstaunlich angewachsene Menge der Briefe werde gedruckt werden? damit sie sich an der darinn enthaltenen anständigen Zärtlichkeit, und Geschichte eines ansehnlichen Zeitraums, ergötzen könnten. Allein er ist 1761, einige Tage vor dem Antritt meiner zweyten Reise nach St. Petersburg, aus Uebereilung verbrannt worden.

Dreymal habe ich doch während dieser langen Verlobungszeit, das Vergnügen gehabt, Christianen zu sehen. Zum erstenmal geschahe es schon im Monat Septemptember 1750, da ich wider alles Vermuthen, aber nach einer sehr langen, gefährlichen und beschwerlichen Seereise von beynahe 7 Wochen, aus St. Petersburg nach Deutschland zurück kam, und aus Holstein nach Stadthagen eilte, theils um meinen tödlich kranken Vater noch einmal zu sprechen, theils um mit Christianen mündlich zu bestätigen, was schriftlich war verabredet worden. Ich fragte ihre Mutter nicht, ob sie ihrer Tochter etwas mitgeben, oder wenigstens hinterlassen werde? sondern nur, ob sie die Verbindung unserer Herzen bewillige und segne? welches sie gern that. Zum zweytenmal sprach ich sie 1754 im Frühjahr, als ich aus Kopenhagen zurück nach Deutschland, und zwar nach Halle gieng, und stärkte mich mit ihr im Vertrauen auf Gott. Zum drittenmal geschahe es etwa 4 Monate hernach, da ich nach Göttingen als Professor war berufen worden, und 1755 verheirathete ich mich mit ihr. Doch ich muß zurückgehen, und erst einige nachgebliebene ältere Theile ihrer Geschichte erzählen.

Als ich 1750 die Freude hatte, sie zu sehen, und von ihren Beschäftigungen die Rede war, hörete und sahe ich etwas von ihren Gedichten. Ich bat mir dieselben aus, und nahm sie mit nach Itzehoe in Holstein, dahin sie mir auf mein Verlangen noch mehrere schickte. Ich ließ einen Theil derselben ohne ihr Vorwissen, unter dem Titul: **Proben poetischer Uebungen eines Frauenzimmers P. C. A. D.** zu Altona im Verlage der Gebrüder Korte 1751, auf $2\frac{1}{2}$ Bogen in Octav drucken. Sie gefielen den Ernsthaften, und den Freunden der Tugend und Gottseligkeit, und auch in gelehrten Zeitungen ward geurtheilt, daß die Verfasserin eine lebhafte und gründliche Denkungsart, auch einen edlen und erhabenen Sinn zeige, daß sie sich geschickt

aus-

ausdrücke, und daß die Gedichte nicht ohne Rührung gelesen werden könnten. Bald darauf wurde sie von der Königl. Deutschen Gesellschaft in Göttingen zum Mitglied aufgenommen, und von dem jetzigen Herrn Geheimen Justitzrath Häberlin, damaligen Vice-Rector der Universität zu Helmstedt, zur Kaiserl. gekrönten Dichterin ernannt, und ihr der gewönliche Kranz überschickt. Sie war in der That an ihrem Theil weit davon entfernt sich für eine Dichterin zu halten, und erklärte das was sie schrieb, für nichts weiter, als für ungekünstelte Lieder. Sie antwortete dem damaligen Secretair der deutschen Gesellschaft M. Murray:

> Mein Geist empfindet zwar die reinste Tugendliebe,
> Und weiht mit tausend Lust ihr ewig alle Triebe,
> Nur hierinn auch allein bestehet seine Kraft.
> Er sucht, so viel er kann, Gott, Welt und sich zu kennen,
> Doch muß er sich hierbey den kleinsten Lehrling nennen,
> Und dies, daß er nichts weiß, bleibt seine Wissenschaft.

Und an Herrn Häberlin:

> Du sendest mir den schönen Dichterkranz,
> (Kaum wag ich es beschämt ihn nur zu nennen,)
> Gern wollt ich seine Zier, und seiner Würde Glanz
> Weit Würdigern, als mir, mit Freuden gönnen.
> Gleichgültig, willst Du nur, soll ich nicht auf ihn sehn,
> Mein Gönner! sage mir, wie könnte dies geschehn?
> Wie könnt' ich seinen Werth, jedoch auch mich, verkennen?

Beyde

Beydes druckte ihre wahre Gesinnung aus. Unterdessen hatte sie noch andre Gedichte aufgesetzt, welche sie mir übersandte, und die ich auch drucken ließ. Sie traten 1752 zu Halle in Kümmels Verlage, unter ihrem Namen, aber unter dem bescheidenen Titul: Uebungen in der Dichtkunst, auf 15½ Bogen in gr. Octav an das Licht, und sind nicht ohne öffentlichen und besondern Beyfall ernsthafter Personen geblieben, es hat auch ein mir unbekannter im Journal étranger, Augustmonat 1757, S. 43. f. zwey derselben in französische Prose gebracht, der aber den Sinn der Verfasserinn nicht allezeit trift. Ich will sie aber eben deswegen, weil sie zur Uebersetzung gewählt worden, und mit derselben hieher setzen, damit sie zu einer Probe ihrer Empfindungsvollen und lehrreichen Gedichte dienen.

Die Muſik.

Wie lange ſchweig' ich, dir zu ſingen?
Geliebte Tonkunſt, edle Luſt!
Die meiner vor viel andern Dingen
Sich zu bemeiſtern längſt gewuſt.
Du gute Freundin meiner Lieder,
Die mich zur Dichtkunſt angeführt,
Dir bring ich ſie zum Opfer wieder,
Das dir aus Dankbarkeit gebührt.

Nie hör ich deine ſanften Töne,
Daß ſie nicht auch mein Herze fühlt,
Da ja das Würdige, das Schöne
In dir nie bloß den Ohren ſpielt.
Nein, du erquickeſt das Gemüthe,
Du ſchmeichelſt jeder Leidenſchaft,
Nur hat dein Schmeicheln dieſe Güte,
Es ſchmeichelt uns untadelhaft.

Durchdringt den Geiſt ein banger Kummer,
So bringt ein weicher Trauerton
Den wilden Schmerz in ſanften Schlummer,
Das Herz wird leicht, es eilet ſchon
Sich über Gram und Schmerz zu ſchwingen,
Und, trotz der Unvollkommenheit,
Dem Gott ein frohes Lied zu ſingen,
Dem es einſt ſingt in Ewigkeit.

Empfinden die vergnügten Sinnen
Der Tugendfreude heitre Macht,
Wird durch ihr munteres Beginnen
Ein freudger Schall hervorgebracht:
O, was empfindet da die Seele!
Faſt jeder Ton macht ſie entzückt,
Die Laſt der ſchweren irrdnen Höle,
Deucht ihr, hat ſie niemals gedrückt.

Ma Muſe fera-t-elle encore long tems muette pour toi, Muſique chérie, noble plaiſir, qui, par préférence à tant d'autres, as ſçû t'emparer puiſſamment de moi? C'eſt toi ſeule, amie de mes chants, qui m'as donné le goût de la poëſie, & je vais t'en rendre l'hommage, tribut de ma reconnoiſſance.

Je n'entends jamais tes tons enchanteurs, qu'ils ne paſſent auſſitôt dans mon ame. Ils ne s'arrêtent point à mes oreilles, ils pénétrent jusqu'à mon cœur. Tu touches, tu rémues agréablement toutes les cordes de ma ſenſible ſubſtance, & tu fais couler dans mon ſein un plaiſir vif, mais innocent.

Quand l'inquiete mélancolie nous aſſiége, tes ſons lugubres, appellant le doux ſommeil, remettent le calme dans les ſens. Le cœur tout-à-coup ſoulagé, ſurmonte la farouche douleur, ſe dilate & s'ouvre à la joye, pour chanter celui qui crea les ſons, le Dieu puiſſant, qui doit être un jour l'objet de nos chants éternels.

Lorsqu'au contraire les ſens ſatisfaits éprouvent cette joye pure, qui répand ſa ſérénité ſur toutes nos puiſſances, tes ſons plus animés produiſent en nous des mouvemens délicieux. Toute l'ame ébranlée eſt dans le raviſſement: elle ſemble dégagée des organes humains qui l'appéſantiſſent, & ne plus tenir à la terre.

Bald müssen nur einstimm'ge Seiten,
Und bald des Mitlauts scharfer Klang
Die heitern Triebe wechselnd leiten,
Durch ihren lieblichen Gesang;
Bald volle Griffe, muntre Fugen,
Und wie die Art der Stücke heißt,
Wornach je ihre Kenner frugen,
Und die stets den Erfinder preis't.

Nie reu't ihr mich, verfloßne Stunden,
Die ich der Tonkunst oft geweiht:
Ihr seyd zwar spielend nur verschwunden,
Doch, schönstes Spiel der flüchtgen Zeit!
Du Wollust tugendhafter Jugend!
Wer deinen Werth erkennt und ehrt,
Gesteht gern, daß durch dich die Tugend
Sich nie vermindert, nein! vermehrt.

Ein Herz voll jugendlichen Feuers
Wagt niemals was bey deiner Lust;
Entgeht dadurch dem Raub des Geyers,
Dem Laster, sag ich, das die Brust
In unanständge Flammen setzet,
Die mancher oft zu spät bereut:
Wer an der Tonkunst sich ergötzet,
Wird auf die reinste Art erfreut.

O steig, so hoch du nur kannst steigen,
Du edle, angenehme Kunst!
Um deinen Werth recht groß zu zeigen,
Behaupte ferner alle Gunst,
Die dir so groß als kleine Seelen
Aus Ueberzeugung zugestehn,
Besonders dem, die dich wählen
Das Lob des Schöpfers zu erhöhn.

Tan-

Tantôt un agréable uniſſon, tantôt d'harmonieuſes diſſonances nous charment, & tour-à-tour nous transportent hors de nous mêmes. Nous ſommes ſucceſſivement ennyvrés par des touches pleines, de rapides fugues, & par tous ces différens paſſages, qui font les délices d'une oreille intelligente & ſenſible.

Non, je ne vous régretterai jamais, momens ſi chers, que j'ai donnés aux doux charmes de la muſique: vous vous êtes rapidement écoulés avec le rapide plaiſir; mais ce tems fugitif, dont la muſique eſt l'image, peut-il plus agréablement voler, que ſur les legères ailes des ſons, vainqueurs de l'ennui. Délicate volupté de la vertueuſe jeuneſſe, qui connoit ton innocence & ton prix, ſçait, qu'au lieu de porter à la vertu la plus foible atteinte, tu peux ſouvent lui prêter des forces.

Un cœur plein du feu de la jeuneſſe, en ſe livrant à tes douceurs, ne court jamais le moindre riſque. Par toi ſouvent il échappe aux flammes indécentes, qui font le ſupplice d'un cœur, dans lequel, après l'avoir conſumé, elles ne laiſſent que des regrets tardifs. Les plaiſirs de la muſique, ſont les plaiſirs les plus purs.

Eleve toi, noble muſique, éleve toi de plus en plus jusqu'où tu pourras monter, pour déployer ta grandeur, pour montrer toute l'étendue, dont tu es capable. Sois toujours également le charme & des belles ames & des oreilles vulgaires, mais fais particulièrement les delices de ceux, qui t'employent à célébrer l'Auteur des tous dons.

Ein

Ein Sonnet auf den Mond.

Du angenehmes Licht, das aus saphirnen Gränzen
Den anmuthsvollen Schein auf unsre Erde stralt,
Geliebter, schöner Mond *), dein still und prächtig
                               Glänzen,
Wenn sich der Sonnen Glanz auf deinem Zirkel malt,
Muß unsrer Sommernacht Vollkommenheit ergänzen,
Die auf so viele Art uns Reiz und Anmuth zahlt.
Der Bäume Wipfel stehn umringt mit goldnen Kränzen,
Da sie dein Glanz umgiebt; ja jedes Gräsgen prahlt
Vom Thau benetzt, durch dich, wie prächtge Diamanten.
Bey solcher schönen Pracht erwacht ein heitrer Geist,
Der öfters voller Lust in andre Sphären reist,
Und Möglichkeiten denkt, doch bey den unerkannten
Bewundrungsvoll sich in das große All versenkt,
Durch welches alles ist, was man sieht, hört und denkt.

Sonnet

---

*) Der Mondenschein war ihr weit angenehmer als der Sonnenschein, weil dieser sie in Schweiß setzte, dazu sie wegen ihres fleischigten und fetten Körpers sehr geneigt war, daher sie ungern in diesem, aber mit größtem Vergnügen in jenem gieng. Wenn dieses nicht geschehen konnte, betrachtete und pries sie doch den Mond.

Sonnet sur la Lune.

Douce lumiere, qui des régions de Saphir, lances sur la terre tes agréables rayons! Lune charmante & chérie des hommes, toi qu'un majestueux silence accompagne, quand le soleil, ayant tempéré ses feux, trace légerement son image sur le brillant cristal de ton cercle, c'est ta splendeur, qui embellit les délicieuses nuits de l'été, remplies de tant d'agrémens divers. Dès que tu te montres sans voile, on voit les arbres élever superbement leurs têtes ceintes de couronnes d'or. Chaque brin de herbe, qui a reçu quelques goûtes des vapeurs que tu distiles, paroit couvert de diamans. A ce magnifique spectacle, une douce sérénité se répand par tout; l'esprit se réveille, s'excite, voyage souvent dans d'autres sphères, & médite des possibilités. S'il en rencontre d'impénétrables, plein d'admiration & de respêt, il se jette dans le bras de l'être immense, en qui seul & par qui seul existe tout ce que nous voyons, tout ce que nous entendons, tout ce que nous pensons.

Sie hat nach der Zeit noch zuweilen etwas poetisches aufgesetzt, es aber der Bekanntmachung nicht werth gehalten; doch habe ich ein paar Stücke auf den Tod unserer Kinder, in meinen so genannten Christen bey den Särgen, gebracht.

Ihr Bruder war sehr jung an Jahren, aber frühzeitig reif an Verstande, und alt an Gestalt, Prediger erst bey der deutschen reformirten Gemeine zu Nürnberg, und hernach bey der französischen reformirten Gemeine zu Schwabach geworden, hatte sich auch verheirathet. Das veranlaßete ihre Mutter, mit ihr 1753 nach Schwabach zu reisen. Der oben genannte Herr Meister oder *le Maitre*, war damals französischer Prediger zu Erlangen, daher hielt sich Christiane ein paar Wochen zu Erlangen bey demselben auf. Hier sowohl als zu Nürnberg lernte sie gelehrte und vornehme Personen von verschiedener Art kennen, genoß sehr viel Freundschaft, und machte sich überhaupt diese Reise, so viel es möglich war, zu Nutze. In Schwabach errichtete sie eine Herzensfreundschaft mit der verwittweten Doctorin Störer, die bis an derselben Tod, durch zärtliche Briefe unterhalten ward, auch die Ursach war; daß Christiane die hinterlaßene jüngste Tochter derselben vor einigen Jahren einlud nach Berlin zu kommen, welche meine Freundin jetzt meines Freundes des Herrn Bibliothekars Jagemann zu Weimar, Ehegattin ist. Auf der Rückreise von Schwabach nach Stadthagen, welche über Cassel und Göttingen angestellt wurde, hatte sie das Vergnügen, meinen und ihren Freund, den jetzigen Pastor zu Bassum, Herr Johann Herrmann Barkhausen in Cassel vor zu finden, welcher ihr die dasigen merkwürdigen Dinge, insonderheit die unvergleichliche Cascade an dem Winterkasten oder Karlsberge, zwey kleine Stunden von Cassel, zeigte. Zu Göttingen machte sie vornemlich mit des seligen Hofraths Achenwall ersten Ehegattin, der rühmlich bekannten Dichterin S. E. Waltern, Bekanntschaft, und ihre Herzen vereinigten sich bald zu inniger Freundschaft. Auf dieser ganzen Reise, schrieb sie an jedem Ort, wo sie einkehrte oder still hielt, an mich, welches zuweilen auf dem Schoos unter einem grünen Baum geschahe. In weniger reisenden jungen Mannspersonen Tagebüchern ist so viel Merkwürdiges, als Christianens Tagebuch von dieser Reise enthielt, welches ich in ihren angenehmen Briefen nach Kopenhagen bekam, aber leider auch verbrannt ist.

Ich will des oben erwähnten zweymaligen kurzen Besuchs nicht wieder gedenken, den ich bey ihr 1754 abstattete, als ich von Kopenhagen nach Halle, und von Halle nach Göttingen reisete, sondern sogleich auf unsre Hochzeit kommen, welche endlich am 21sten März 1755 zu Stadthagen, nach unserm beyderseitigen Geschmack in gröster Stille und Kürze erfolgte, und nur dadurch glänzend wurde, daß die oft gepriesene Durchlauchtige Fürstin uns mit ihrem leutseligen Besuch überraschte. Wir waren zwar sehr vergnügt, und wegen unsrer lang gewünschten, aber nie gesuchten, doch endlich erfolgten ehelichen Verbindung, voll Lobes Gottes, aber wir sprachen auch mit einander von der künftigen Trennung, welche der Tod verursachen würde, jedoch auch von der Wiedervereinigung im Himmel, und gleiche Unterredung ist nachher viel tausendmal von uns wiederholt worden. Sie macht nicht melancholisch, hingegen leitet sie zur Weisheit.

Christiane war von reformirten Eltern geboren, auch zum Mitgliede der reformirten Kirche aufgenommen worden; aber sie war überzeugt, daß dieselbe von der Lutherischen Kirche nicht in Ansehung der Religion, sondern nur in Absicht auf einige Lehrsätze und äußerliche Verfassungen, unterschieden sey. Ich war weit davon entfernt, sie in ihrer Ueberzeugung zu stören, sie aber beschloß, um gemeinschaftlicher Erbauung willen, das Abendmal des HErrn mit mir zu genießen, so wie ihres Bruders Frau, die von Lutherischen Eltern geboren und erzogen war, dasselbige aus gleicher Ursach mit ihrem reformirten Mann genoß. Ihre Mutter war damit zufrieden, und sie berichtete ihren Entschluß vor unserer Hochzeit, meinem vieljährigen Freunde, dem Consistorialrath und Generalsuperintendenten Herrn Jacobi zu Celle, welcher damals noch Pastor zu Hannover war, und bat Ihn, ihr zugleich mit mir zum erstenmal das Abendmal des HErrn zu reichen. Das geschah auch, als wir durch Hannover nach Göttingen reiseten. Der rechtschaffene und weise Mann redete uns sogleich, da wir in die Sacristey traten, an, ermunterte uns kurz und rührend, dem Zweck des Abendmals des HErrn gemäß, und gab uns dasselbige ohne alle Feyerlichkeit. Nie hatte es meine Christiane mit größerer Erweckung empfangen, als damals.

Ihre Mutter begleitete uns nach Göttingen, um ihre Tochter, beym Anfang der eignen Haushaltung, mit Rath und That zu unterstützen. Die ehrwürdige Frau, hätte sich schon viele Jahre vorher die Bequemlichkeit verschaffen, und der Tochter ihre kleine Haushaltung ganz übergeben sollen: das hatte sie aber, eben so wie andre Mütter, nicht gethan, sondern Christianen nur zur Gehülfin gebraucht. Diese muste sich also durch stärkere Uebung eine noch größere Fertigkeit in Haushaltungssachen, vornemlich in Ansehung der Küche, erwerben. Weil sie Kopf und Lust dazu hatte, brachte sie es auch in kurzer Zeit sehr weit, und ich verwies sie, so oft sie mich um Rath fragen wollte, schlechterdings an ihre Mutter, damit diese glauben mögte, es sey ihre, und nicht unsere Haushaltung; welches aber doch nicht nach Wunsch gelung. Wir fiengen sehr klein an, waren aber alle beyde ungemein arbeitsam, und ließen es uns sauer werden. Gott segnete uns, und wir verbesserten unsern Zustand von Jahr zu Jahr. Das schrieb ich nicht bloß meiner Arbeitsamkeit, sondern auch ihrem ökonomischen Verstande und Fleiß zu, dadurch eine Frau mehr verdienet und erwirbet, als die meisten Männer glauben. Ist sie zugleich mit Zärtlichkeit und Aufmerksamkeit fleißig um ihren Mann, so ist sie unendlich mehr werth, als eine jede andre Frauensperson, mit welcher ein Mann in Gemeinschaft tritt. Chri-

Chriſtiane gebar zu Göttingen vier Kinder, nämlich drey Söhne und eine Tochter, von welchen nur noch zwey Söhne auf Erden leben. Der ältere, Wilhelm David, iſt in der Ordnung das zweyte, und der jüngere, Johann Stephan Gottfried, das vierte Kind. Beyde ſind in der Kriegsunruhe geboren. Als der erſte am 16ten November 1757 das Licht der Welt erblickte, hatte ich einen franzöſiſchen Hauptmann aus Navarre, von dem durch unſern großen König bey Roßbach geſchlagenem Kriegsheer, im Hauſe, welcher Menſchenfreund ein paar Stunden nach ihrer Entbindung abreiſete. Es war ihm ſehr daran gelegen, mir und meiner Frau wenig Laſt und Unruhe zu machen, hingegen alles, was er von uns zu ſeinem Gebrauch geliehen hatte, in beſter Richtigkeit und Ordnung zurück zu laßen, welches zu Chriſtianens gutem Wochenbett nicht wenig beytrug. Als ſie mit dem zweeten ſchwanger gieng, war unſer Zuſtand, dem Anſehn nach, recht kläglich; denn ſie war kaum ein Vierteljahr ſchwanger geweſen, als unvermuthet franzöſiſche Truppen unter dem Befehle des General Grafen von Vaur, Göttingen beſetzten, befeſtigten und behaupteten, die Churbraunſchweigiſchen und Heßiſchen Truppen aber die Stadt einſchloſſen. Es fehlte uns an Gelde, Lebensmitteln und Holz, die Unreinigkeit war in der eingeſchloſſenen Stadt ſo groß, und das angelegte franzöſiſche Lazareth ſo ſtark beſetzt, daß die Luft durchaus verdarb. Und gerade zu der Zeit, da dieſe traurigen Umſtände anfiengen, kam meine gute Schwiegermutter aus Stadthagen abermals zu uns nach Göttingen, und nahm ſolchergeſtalt an dem groſſen Elende ſtarken Antheil, welches mich mehr beunruhigte als was ich ſelbſt ertrug. Zuerſt bekamen wir drey alten, mit unſern drey kleinen Kindern, die Krätze. Hierauf ward ich im December 1760 ſo gefährlich krank, daß ich Chriſtianen und ihrer Mutter ankündigte, ich erwarte aufgelöſet zu werden, welches beyden ein schrecklicher Gedanke war. Doch Gott erhielt und stärkte mich; ich hatte aber kaum angefangen wieder umherzugehen, als meine Schwiegermutter in eine höchstgefährliche Krankheit fiel, so daß sie schon zu sterben schien; und ob sie gleich wider Vermuthen sich ein wenig erholte, so überfiel sie doch gleich darauf ein Schlagfluß, der sie der Sprache und des Gebrauchs der rechten Hand beraubte. Doch Gott errettete sie auch aus dieser Gefahr, und kaum war sie wieder aus dem Bette aufgestanden, als am 18ten April 1761 Christianens Entbindung erfolgte, der sie aber noch nicht beywohnen konnte. Was war nicht in Ansehung dieser Entbindung zu fürchten! Allein wir stärkten einander im Vertrauen auf Gott, der uns so sichtbarlich half, die Geburt gieng glücklich von statten, und das Kind war gesund. Zwar fand sich bald nach derselben ein neues Uebel ein, denn der französische Officier, welcher bey mir einquartiert war, wurde krank, und weil ich ihm gern allen möglichen Beystand leistete, so gieng ich, der ich selbst noch schwach war, beständig zwischen meiner Frau, meiner Schwiegermutter, dem Officier, den Kindern und der Küche, hin und her. Jedoch auch dieses Uebel ward überstanden. Christiane war während des Kriegs gegen Freunde und Feinde dienstfertig. Sie kochte Essen für churbraunschweigische Soldaten, welche man als Kriegsgefangene nach Göttingen brachte, und schickte es ihnen nach dem Ort, wo sie verwahret wurden, mit grossem Vergnügen. Durch ihre Fertigkeit in der französischen Sprache, und durch ihre Bereitwilligkeit gesunden und kranken Personen so viel sie konnte, zu dienen, machte sie die Feinde zu unsern Freunden, und jedermann erwies ihr Hochachtung und Gefälligkeit. Diese konnte ihr selbst ein Officier nicht versagen, welcher für den härtesten und unhöflichsten unter der ganzen starken Besatzung gehalten wurde.

wurde. Er war von dem General von Baur zum Platz=Major bestellt, und erhielt einstmals Befehl, Betten für das Lazareth zusammen zu bringen. Er besuchte auch mein Haus, und verlangte von Christianen ein Bette. Sie stellte ihm vor, daß sie bisher sehr willig zum Geben und Leihen gewesen sey, daß sie zwar ziemlich viel Betten, aber auch viel Personen im Hause habe, welche derselben bedürften, daß sie auch dem Hauptmann, der bey uns wohne, und desselben Leuten, Betten geben müsse, daß ihre kranke Mutter ein sehr weiches Lager, und also die gewöhnlichen Bettstücke dreyfach nöthig habe, und daß sie selbst alle Woche ihre Entbindung erwarte, und dazu ein eigenes Bette haben müße. Ihre gegründete Vorstellung, wurde von andern gegenwärtigen Officieren stark unterstützt, welche zu dem Platz=Major in ihrer Gegenwart sagten, wie er so hart gegen eine solche Frau seyn könne? Allein der finstere und strenge Mann erwiederte, daß ob er gleich viel Ehrerbiethung gegen sie empfinde, und wohl sehe, daß ihre Vorstellungen gegründet wären, so müße er doch ein Bette haben. Das schmerzte Christianen so sehr, daß sie beynahe in Ohnmacht gesunken wäre. Doch sie erholte sich ein wenig, als der Platz=Major sich erklärte, daß er aus Hochachtung gegen sie, ihr die Wahl der Stücke überlaße, und solche nicht selbst aussuchen wolle. Sie fand sich in ihr Schicksal, und gab mehr, als sie geglaubt hatte geben zu können.

Mitten in meiner Krankheit, ja an dem gefährlichsten Tage derselben, bekam ich einen Ruf nach St. Petersburg, und nahm denselben am folgenden Tage in meiner Antwort, welche ich Christianen zum Nachschreiben vorsagte, unter gewissen Bedingungen an, und vier Monate hernach, musten um die Mitte des

Wochen-

Wochenbetts meiner Frau, die Zurüstungen zu der grossen Reise gemacht werden, zu welchen auch der öffentliche Verkauf unsers zahlreich gewordenen Hausgeräths gehörte. Wir waren zwar insgesamt schwach, aber Gott half uns, daß wir doch mit der ganzen Zubereitung zum Stande kamen, und sieben Wochen nach **Christianens** Entbindung, mit vier kleinen Kindern von Göttingen abreisen konnten.

Christiane hatte zu Göttingen über sechs Jahre mit Vergnügen zugebracht. Dazu trug die Freundschaft, welche sie nebst mir, von meinen dasigen Herren Collegen und derselben Gemalinnen genoß, sehr viel bey, denn wir lebten mit allen in guter Uebereinstimmung, und unterhielten den Umgang mit denselben so viel, als es von allen Seiten Zeit und Umstände verstatteten. Am meisten machten sich um sie durch freundschaftliches Bezeigen verdient, die Gemalinnen des Kanzlers von **Moeheim**, der Herren **Böhmer** und **Pütter** aus der Juristen, und der Herren **Achenwall** und **Franz**, aus der philosophischen Facultät. Die Frau Räthin **Franz**, jetzige Frau Professorin von **Colom**, stund ihr in ihren drey letzten Wochenbetten sehr freundschaftlich bey. In der Nachbarschaft von Göttingen, hatten wir an dem Landdrosten von **Münchhausen** zu Moringen, und an desselben Gemalinn, sehr grosse Freunde, wegen welcher **Christiane** sich glücklich schätzte.

Gott hatte uns durch die letzten Trübsalen in Göttingen väterlich geholfen, dafür wir ihm herzlich dankten, aber er prüfte uns auf der am zweyten Jun. 1761 vergnügt angetretenen Reise, aufs neue. Unser einziges Töchterlein ward gleich am zweyten Tage so krank, daß wir fürchteten, wir würden es unterwegs verlieren, welches **Christianen** sehr zu Herzen gieng. Sie

Sie würde darüber schwermüthig geworden seyn, wenn sie nicht auf der Reise allenthalben Menschenfreunde angetroffen hätte. Gleich zu Nordheim erwies sich die vernünftige und artige Kämmerern **Schmidt**, als eine solche gegen uns. Einbeck, woselbst wir übernachten wollten, war mit churbraunschweigischen Truppen so angefüllt, daß in keinem Wirthshause Platz für uns war. Das setzte **Christianen** wegen ihrer Mutter und kleinen Kinder, in grosse Bekümmerniß, doch plötzlich ward sie aus derselben gerissen, als sich unserer Kutsche, die schon eine geraume Zeit auf der Strasse gehalten hatte, ein frommer aber armer Schulmann, Namens **Mierhof**, näherte, welcher in seinem und seiner auch gottseligen Frau Namen, uns sein geringes Haus anbot. **Christiane** war die erste, welche dieses Anerbieten dankbarlich annahm, und zeigte sich den guten Leuten für ihre Dienstwilligkeit erkenntlich. In Hannover, wo wir abermals in das verwandte **Gablerische** Haus einkehrten, holete **Christiane** bey unsern alten gottseligen Freundinnen, der Hofräthin von **Hattorf**, und der Frau **Cullenien**, neue Ermunterung zu der erhabenen christlichen Gesinnung: am rührendsten aber war ihr und mir der Abschied von unserm ächten Freunde, dem berühmten Hofrath **Christian Ludewig Scheidt**, und desselben zweyten Gemalin von **Mädel**, welche letzte sie jetzt zum erstenmal kennen lernte. Zu Hagenburg empfieng uns Herr Amtsrath **Barkhausen**, unsers oben erwähnten vertrauten Freundes ältester Bruder, mit der ihm gewöhnlichen Höflichkeit. **Christiane** freuete sich, als sie zu Stadthagen meiner damals noch lebenden lieben Mutter, unsere vier kleinen Kinder darstellen konnte, und hier liessen wir auch ihre Mutter zurück. Wir sprachen daselbst zum letztenmal unsere gnädige Fürstin, und **Christianens** Herzensfreundin, die **Gräfin Friederike**, welche

che ein paar Jahre hernach an der auszehrenden Krankheit starb.

Unser Vorhaben war, daß wir ganz zu Lande nach St. Petersburg reisen wollten, und da wir auf solche Weise auch durch Danzig gekommen seyn würden, so war es für Christianen eine höchst angenehme Vorstellung, daselbst ihre jugendliche vertraute Freundin, die Frau Doctorin Bertling, nach vielen Jahren wieder zu sehen. Allein es war gar zu beschwerlich mit vier ganz kleinen Kindern so weit und so lange zu Lande zu reisen, und täglich einigemale aus- und einzupacken. Also änderten wir unsern Vorsatz, und beschlossen über die Ostsee zu reisen, wenn unser Töchterlein sich vorher erholen würde, ungeachtet Christiane von der Seereise eine mehr fürchterliche als angenehme Vorstellung hatte. Wir giengen wieder durch Hannover, woselbst wir unsere Verwandte und Freunde fast nur begrüsseten, nach Celle, und genossen daselbst in dem Hause des abwesenden Herrn Consistorialraths Jacobi, den wir zu Hannover gesehen hatten, von desselben Gemalin die freundschaftlichste Bewirthung. Christiane freuete sich auch daselbst des Kanzlers von Mosheim Witwe, und derselben ihr sehr ergebene Tochter, die jetzige Frau Gräfin Galowkin, wieder zu sehen. Zu Lüneburg bezeigte ihr der jetzige Naumburgische Domherr Herr von Meding, wegen der Höflichkeit die sie ihm zu Göttingen erwiesen hatte, seine Ergebenheit.

Hamburgs schöne Gegenden, hatten ungemein grossen Reiz für Christianen, und das freundschaftliche Bohnische Haus, in welchem wir waren, ermangelte nicht, ihr dieselben, so viel Zeit und Umstände es verstatteten, zu zeigen. Mein werther Landsmann Herr
Georg

Georg Friedrich Zeiß, und desselben Ehegattin, verpflichteten sich Christianen durch ihre gefällige Dienstfertigkeit nicht weniger. Wir fanden auch zu Hamburg die beyden gelehrten Schwestern und Itzehoischen Stiftsfräulein von Ahlefeldt aus dem Holsteinschen Hause Perdöl, meine vieljährige Gönnerinnen, welche ihr sehr viel Freundschaft bezeigten. Zu Elmshorn in der Grafschaft Ranzau, gewann sie viel Zuneigung zu dem freundschaftlichen Hause des Herrn Consistorialraths und Probst Güner. Ausnehmend groß aber war ihre Freude, als sie zu Itzehoe meine große Freundin das verehrungswürdige Stiftsfräulein Sophie Ernestine von Ahlefeldt, aus dem Holsteinschen Hause Lindau, persönlich kennen lernte, mit der sie schon seit verschiedenen Jahren freundschaftliche Briefe gewechselt hatte, die auch so lange sie auf Erden gelebet hat, von Zeit zu Zeit fortgesetzt worden. Zu gleicher Zeit wurde sie theils in dem Hause des Oheims derselben, des Conferenzraths und Verbitters von Ahlefeldt, eines wahren Menschenfreunds, theils in dem Hause des Kön. Dän. Kammerherrn Baron von Görtz, mit einigen vorzüglichen adelichen Familien bekannt, an welche sie nachmals allezeit mit Hochachtung gedachte. Zu Lübeck nahm das sehr freundschaftliche und gefällige Betragen der Mollwoischen und Schlickschen Familie, Christianen ganz für dieselben ein, denn sie hielt freundschaftliche Begegnung für eine der grösten Pflichten und Wohlthaten in der Welt. In den Gesellschaften, welche diese ruhmwürdigen Familien oftmals um unsertwillen zusammen brachten, bemerkte Christiane eher als ich, daß zu Lübeck eben sowohl als in Hamburg, bey feyerlichen Gelegenheiten, die Frauen nicht nach dem Rang ihrer Männer, sondern nach dem Alter ihrer Ehen, sitzen, außer daß man den fremden Frauen bey Gastgeboten den Vorzug läst. Man fragte sie, wie ihr diese Gewohnheit gefalle? und sie meynete, es würde besser seyn, wenn man

bey

bey großen Tafeln weder auf den Rang der Männer, noch auf das Alter der Ehe, sondern auf die gute und angenehme Nachbarschaft sehen wollte.

Wir waren in Lübeck vom 19ten Jun. bis 9ten Jul. an welchem letzten Tage wir nach Travemünde fuhren, um uns daselbst zu Schiffe zu begeben, welches am 10ten des Abends zwischen 8 und 9 Uhr geschah, aber vergeblich war, weil wir nach einer kurzen Fahrt wegen widrigen Windes zurück kehrten, und wieder ans Land giengen. Am 12ten Jul. des Abends, als es schon dunkel ward, stiegen wir abermals in ein Boot, und ließen uns nach dem Schiff rudern. Christiane war sehr gerührt, als so viel am Ufer stehende Menschen, welche zusahen, wie eines unserer vier kleinen Kinder nach dem andern in das Boot hinabgegeben wurde, und die sich unsere Last und Gefahr gedachten, uns ihre guten Wünsche zuriefen, daß unsre Seereise kurz und glücklich seyn mögte. Sie fassete Muth, als sie mein freudiges Vertrauen zu Gott wahrnahm, und wir giengen am 15ten mit gutem Winde unter Segel. Sie ward schon am ersten Tage, so wie ich, sehr krank, und in den folgenden vier Tagen noch schlechter, weil uns der Wind heftig entgegen stürmte, so daß wir nur durch Laviren fortzukommen suchen musten. Dieser ihr Zustand war sehr unangenehm, weil sie ihr jüngstes Kind säugen muste, welches wegen des heftigen Brechens, nur kümmerlich geschehen konnte. Gott half ihr aber, sie war zufrieden, ja sie war vergnügt, und dazu trug die zunehmende Genesung und Munterkeit unserer so gefährlich krank gewesenen kleinen Tochter, viel bey. Am 19ten und 20sten stürmete der Wind heftig, aber hinter uns her, und wir segelten sehr geschwind. Am Abend des letzt genannten Tags waren wir in der Nähe der felsigten Insel Hochland, welche im finnischen Meerbusen liegt, und ich sahe

wie

wie die hohen Wellen von derselben zurückprallten. Dieser Anblick war unbeschreiblich prächtig, daher ich Christianen überredete, auf das Verdeck zu steigen, und diese majestätische Bewegung des Meers zu sehen. Sie ergötzte sich an derselben, ob sie sich gleich mit beyden Händen fest halten muste, um nicht zu fallen. Aber plötzlich zerbrach eine ausserordentlich große Welle an und unter unserm Schiff, und schlug an die Seite, wo wir stunden, so heftig an, daß die Erschütterung schrecklich war, und wir nicht wenig naß wurden. Da wir aber weiter keinen Schaden nahmen, so war Christiane vergnügt, daß sie etwas gesehen hatte, welches zu dem erhabensten gehört. Am 21sten kamen wir zwar etwa eine Meile von Cronstadt bey dem rußischen Wachtschiff an, welches die vorbeygehenden Schiffe untersucht, die See war aber so unruhig, daß unser Schiffer nicht an Bord desselben gehen konnte. Wir musten also auf den unruhigsten Wellen, und unter unaufhörlichem Regen, 24 Stunden vor Anker liegen, da denn das Schiff so heftig schwankte und sich so stark wälzete, daß wir alle krank waren. Doch der Sturm legte sich, die See ward ruhiger, und am 22sten kam mit Anbruch des Tags der Hauptmann, welcher über die Fregatte den Befehl hatte, an Bord unsers Schiffs. Dieser rußische Edelmann, Namens Ganlinof, nahm meine Bewirthung so gut auf, daß er mich einlud, mit Frau und Kindern auf seine Fregatte zu kommen. Er schickte zu diesem Ende seine Schaluppe zurück, welche wir mit einem für ihn bestimmten Geschenk an Wein und Chocolat, bestiegen, und nach der Fregatte ruderten. Hier wurden wir mit Feyerlichkeit empfangen, und Christiane war ausnehmend vergnügt, daß der erste Russe, den sie kennen lernte, ein so höflicher und artiger Mann war. Der Hauptmann machte ihr durch seinen Dolmetscher viel Entschuldigungen, daß er sie nicht besser bewirthe, auch nicht unmittelbar mit ihr

C reden

reden könne, weil er weder deutsch noch französisch sprach. Er bot uns seine Schaluppe an, um uns nach Cronstadt bringen zu lassen, dahin unser Schiff vermuthlich an diesem Tage noch nicht würde kommen können. Wir nahmen dieses erwünschte Anerbieten dankbarlich an, beschenkten die Mannschaft der Fregatte, fuhren mit der Schaluppe erst an unser Schiff, um das nothwendigste mit uns zu nehmen, und kamen in einer Stunde nach Cronstadt. Hier stiegen wir mit freudigem Lobe Gottes ans Land, und fanden bey dem Postmeister *de Vries*, ein für uns bestelltes sehr gutes Quartier, in welchem wir uns von den ausgestandenen Beschwerlichkeiten zu erholen anfiengen. Christiane war über die glücklich zurückgelegte Seereise, über die Gesundheit und Munterkeit unserer Kinder, insonderheit der kleinen Tochter, und über die erste gute Aufnahme in Rußland, ausnehmend froh, doch reichte diese Freude nicht an diejenige, welche sie empfand, da wir am 23sten Jul. vermittelst einer Schaluppe, welche uns der gütige Viceadmiral Kaiser gab, nach Oranienbaum auf das feste Land kamen, und ihren lieben Bruder am Strande fanden, der beynahe ein Jahr eher wie wir, als Prediger aller dreyen reformirten Gemeinen, nach St. Petersburg gegangen, jetzt aber mit den uns entgegen gesendeten Kutschen und Gliedern der St. Peters Gemeine, von St. Petersburg zu unserm Empfang hieher gekommen war. Wir kamen am Abend dieses Tags zu Peterhof, und als wir daselbst viel Güte, insonderheit von dem Kayserl. Oberhofmarschall Grafen von Sievers, Patron der St. Petersgemeine, genossen hatten, am 24sten früh Morgens wohlbehalten zu St. Petersburg an, woselbst wir bey meinem Schwager abtraten.

Christiane hatte Ursache vergnügt zu seyn, und sie war es auch unter freudigem Lobe Gottes. Sie machte

den

den Anfang ihres Aufenthalts zu St. Petersburg in dem Hause ihres geliebten Bruders, und deſſelben angenehmen Frau. Unſer wohlgebauetes und geräumiges Wohnhaus, hatte der Kirchenconvent wohl ausmeubliren laſſen, dadurch uns der Schade, den wir in Göttingen an unſerm Hausgeräth gelitten hatten, reichlich erſetzt wurde. Die Menge der Perſonen von allen Ständen, welche uns bewillkommten, war groß, und Chriſtiane fand unter den Frauensperſonen ſolche, die ihr Herz an ſich zogen, und von deren Umgang ſie ſich alſo zum voraus das Vergnügen verſprach, welches ſie auch hernach darinn fand. Frauen vom erſten Rang, dergleichen die Großkanzlerin Gräfin von Woronzow, die Feldmarſchallin Gräfin von Münnich, die Oberhofmarſchallin Gräfin von Sievers, waren, und viele andere vornehme Frauen und Herren, ehreten ſie. Ich hätte ganze Seiten nöthig, wenn ich alle diejenigen nennen wollte, welche ihr Achtung und Freundſchaft erwieſen haben. Doch iſt der gröſte Gewinn, den ihr und mir St. Petersburg gebracht hat, die unſchätzbare Freundſchaft der Frau Gräfin Maria Aurora von L'Eſtocq, gebornen Baronin von Mengden, geweſen; deren unbeſchreiblich große Verdienſte um uns, ich meinen ſpäteſten Nachkommen zum dankbaren Andenken empfehle, ſo wie ichs mit in den Himmel nehmen werde. Aus Chriſtianens Munde hat man nachher auch ſehr oft die Namen ihrer beſondern Freundinnen, einer Müllern, einer zum Seide, einer Nehrmann, einer von Völkerſahm, einer Vogt, einer Stegelmann, einer Schreibern jetzt Michaelis, einer *le Fort*, einer Poggenpohl, und anderer, gehört, und es machte ihr, ſo wie mir, Freude, jemand aus St. Petersburg zu ſehen, bey dem ſie ſich nach unſern Freunden erkundigen konnte. Man glaube aber nicht, daß ſie zu St. Petersburg ohne Widerwärtigkeit und Leiden geweſen ſey.

Gott

Gott hat sie dergleichen viel erfahren lassen. Sie war vom zweyten Jahr unsers Aufenthalts daselbst an, vermuthlich weil sie sich vor Zugluft und Verkältung nicht genug in Acht nahm, oft schwach und krank, so daß sie ihrem geschickten und aufmerksamen Arzt dem Herrn D. **Bacheracht,** viel Mühe machte. In diesem Zustande gebar sie zwey schwache Kinder, welche wir bald wieder verloren. Ausser denselben sturben zwey unsrer göttingischen Kinder, nemlich der älteste, in welchem uns die schönste Hofnung blühete, und die einzige Tochter, ein Kind von viel Geist und Zärtlichkeit, es starb auch unsre junge Schwägerin, und die kleine Tochter derselben, welche **Christiane** nach der Mutter Tode zu sich nahm, folgte ihr bald. Diese vielen Todesfälle innerhalb vier Jahren, giengen **Christianen** sehr zu Herzen. Dazu kam endlich 1761 die Niederlegung meines Predigtamts, welche ihr Gemüth desto mehr angriff, da ihr St. Petersburg ausnehmend gefiel, und wir nach Deutschland zurück kehrten, ohne daß ich einen neuen Beruf hatte. Es hatte ihr zwar immer geahndet, daß wir zu St. Petersburg nicht bleiben würden, und sie behauptete dieses so oft, daß ich unwillig darüber ward: allein der wirkliche Abzug von dannen, zumal in den Umständen, in welchen wir waren, ward ihr schwer. Jedoch die Zeit der Abreise kam heran, sie muste sich losreißen, und dieselbige mit antreten, obgleich unser vorhin schon mit genanntes jüngstes Kind von wenigen Monaten, tod krank, und sie selbst schwächlich war. Wir beschlossen über die Ostsee nach Deutschland zurückzukehren, auf welcher wir nach Rußland gekommen waren. Der Tag der Abreise von St. Petersburg (11te Junius) war nicht nur sehr rührend, sondern auch, wegen der Krankheit und Unruhe unsers jüngsten Kindes überaus beschwerlich. Doch wir giengen am 13ten Jun. in Cronstadt getrost zu Schiffe, weil wir Gott vertraueten.

Die Reisen aus St. Petersburg nach Lübeck und andern westlich gelegenen Oertern, waren in diesem Sommer langwierig und beschwerlich, weil wenig Ost- und Nord-Wind, wohl aber viel West- und Süd-Winde wehete. Es hatte also auch unsere Schiffahrt viel Schwierigkeit, denn sie hatte nicht viel über einen Tag gewähret, als der Wind anfieng uns entgegen zu stürmen, und dieses dauerte vier Wochen lang fort, so daß wir bloß durch das höchst beschwerliche und unangenehme Laviren fortzukommen suchen musten. Wenn der Wind uns nicht entgegenstürmte, so war völlige Windstille, die eben sowohl unangenehm ist, als widriger Sturmwind. Wir stunden also viel aus, ermunterten uns aber doch zur Zufriedenheit und Hoffnung. Unser jüngstes krankes Söhnlein, starb gleich in den ersten Tagen der Schiffahrt, zwischen Reval und dem Baltischen Hafen, und also noch im Gebiet des Rußischen Reichs, woselbst mir der zweyte Aufenthalt von vier Jahren, den Verlust einer gleichen Anzahl Kinder gekostet hat. Christianen gieng zwar auch der Verlust dieses lieben Kindes sehr nahe, aber sie dankte doch, eben so wie ich, Gott, daß er dasselbige zu sich nahm, weil es sehr elend war, und auch sie elend machte. Es beruhigte sie mein Vorschlag, daß wir den kleinen Leichnam so lange in einem ausgeleerten Bücherkasten verwahren wollten, bis wir nach Travemünde kämen, welches auch mit Bewilligung unsers guten Schiffers und seiner Frau geschahe. Als wir endlich am 7ten Jul. unter der Insel Bornholm ankamen, fassete Christiane neuen Muth, weil wir an diesem Tage in der daselbst ruhigen See mit sanften Winde unweit und längst der Insel segelten, und von den vielen Bornholmern, welche mit Lebensmitteln zu uns kamen, viel erfrischendes kauften. Als wir aber wieder die freye unruhige See erreichten, und zu be=

befürchten war, daß wir bis Travemünde noch länger als acht Tage unterwegs seyn könnten, weil der widrige Sturmwind nicht aufhörte: so verabredete ich um Christianens willen heimlich mit dem Schiffer, daß er unter Rügen zu kommen sich bemühen, und uns daselbst aussetzen sollte. Gott ließ diese Bemühung gelingen, und Christiane wurde sehr angenehm überrascht, als ich ihr am 8ten Jul. die nahe Insel Rügen zeigte, und sagte, daß wir daselbst aussteigen, und unsre Reise zu Lande fortsetzen wollten. Wir giengen etwa eine halbe Meile von der Gegend des Dorfs Sassenitz vor Anker, und der Schiffer nöthigte die Einwohner durch einige Schüsse aus einer ganz kleinen Kanone, daß sie auf dieses Nothzeichen ein Boot zu unserm Schiff schicken, und fragen musten, was wir begehrten? Christiane bestieg dieses Boot, ungeachtet es schon dunkel zu werden ansieng, mit Freuden, wir nahmen unsere beyden übrig gebliebenen Kinder, einige junge Leute welche uns begleiteten, zwey Domestiken, und das nothwendigste Gepäck mit, und erstiegen unter Lobe Gottes in der Nacht das hohe Ufer der Insel. Es war zwar die Stube des besten Hauses dieses kleinen Dorfs, in welcher wir übernachteten, klein und gering; sie schien uns aber in Ansehung der Cajüte des Schiffs, sehr schön und herrlich zu seyn. Nachdem wir einige Stunden geruhet hatten, erschienen zusammengebrachte kleine Leiterwagen, auf welche wir uns setzten, um nach Bergen zu fahren. Christiane hatte auf einem solchen Wagen noch niemals gesessen: es brachte ihr aber die Fahrt auf demselben, wegen der schönen Gegenden der Insel, in welche sie eine freye Aussicht hatte, so sehr viel Ergötzung, daß sie dieselbige unter ihre angenehmste Erfahrungen rechnete. Jedoch die Gutartigkeit der Leute des Dorfs Sassenitz, in welchem wir übernachtet hatten, machte ihr ein noch grösseres Vergnügen. Sie hatte

ihre

ihre goldene Uhr in diesem Hause zurück gelassen, ohne sich an dieselbige zu erinnern, und wir erstauneten, als uns die ehrlichen Leute nachliefen, und ihr die Uhr brachten, welche sie hätten behalten und verleugnen können, wenn sie nicht so gut gesinnet gewesen wären. Die ruhmwürdigen Leute, schickten uns auch bis Lübeck eine Schreibtafel mit einem Wechsel nach, welche einer von den jungen Leuten die mit uns reiseten, bey ihnen hatte liegen lassen. Zu Stralsund fanden wir mehr Bequemlichkeit zu der Fortsetzung unserer Reise. In Rostock machten wir einige Besuche, und Christiane freute sich, daß sie daselbst so gutartige und dienstfertige Leute antraf. Herr Professor und Archidiaconus Heinrich Valentin Becker, übte seine Gastfreiheit an uns aus, und brachte uns bey dieser Gelegenheit in die Bekanntschaft noch mehrerer Familien, als wir schon hatten kennen gelernet. Ueber Wismar kamen wir nach Lübeck, und trafen die oben gerühmten Familien noch eben so freundschaftlich gesinnet gegen uns an, als sie sich vor vier Jahren bewiesen hatten. Eine Unpäßlichkeit, mit welcher ich unterweges war befallen worden, veranlaßete die Bekanntschaft mit dem Herrn Doctor Trendlenburg, in dessen Hause Christiane ein so edles Vergnügen fand, daß sie nachher oft davon sprach. Es war uns eine angelegentliche Sache, den Leichnam unsers auf der See gestorbenen Söhnleins Burchard Christoph, zu beerdigen, von dessen Ankunft in Travemünde, wir gleich nach unserer Ankunft zu Lübeck Nachricht bekamen, aber auch Umstände hörten, welche Christianens mütterliches Herz fast zu stark rühreten. Wir hatten unserm Schiffer aufgetragen, den Kasten mit dem Leichnam bey dem Pastor zu Travemünde Herrn M. Ostermeyer abzugeben, den wir vor vier Jahren zu Lübeck bey dem Herrn Licentiaten und Rector von Seelen hatten kennen gelernet. Er war aber eben wieder in Lübeck, als der kleine Kasten in sein Haus gebracht wurde. Der Matrose, welchen der Schiffer mit demselben abgeschickt hatte, konnte weder uns, noch die Bewandnis, welche es mit dem Leichnam hatte, recht beschreiben, und der Schiffer wollte den guten Wind, der ihn die Trave hinauf führte, nicht verfehlen, und hielt sich also zu Travemünde nicht auf. Das todte Kind wurde also der obrigkeitlichen Person des Orts geliefert, welche ein Protocoll darüber aufnahm, weil sie fürchtete, daß etwas anderes dahinter stecke, und es in die Kirche setzen ließ. Die Nachricht, welche wir davon bekamen, brachte **Christianens** Zärtlichkeit in grosse Bewegung; allein Herr P. **Ostermeyer**, den wir sogleich aufsuchten, reisete nach Travemünde zurück, nahm den Leichnam in Empfang, und besorgte desselben Beerdigung auf dem dasigen Kirchhof. Bey derselben fanden sich ausser den beyden von uns abgeschickten Personen, (weil ich unpäßlich war, und **Christiane** bey mir bleiben wollte,) viel Einwohner des Orts ein, welche durch die Umstände der Sache bis zu Thränen gerühret wurden.

Als diese Beerdigung geschehen, auch ein Leichenstein mit des Kindes Namen zu Lübeck behauen, und nach Travemünde geschafft war, reiseten wir nach Hamburg, und traten daselbst wieder in dem lieben Bohnischen Hause ab. Hier hatte **Christiane** mit mir eine Freude, die nie von einer grössern übertroffen worden, nemlich den jetzigen Kön. Dän. Conferenzrath und Amtmann zu Bramstedt, Herrn **Schumacher**, einen unserer besten und treuesten Freunde, gesund wieder zu sehen; über dessen grosse Schwächlichkeit zu St. Petersburg wir so viel Bekümmerniß gehabt hatten, in welcher, so wie überhaupt in der Freundschaft gegen ihn, **Christiane** sich durch mich nicht übertreffen lassen wollte. Nach wenigen Tagen liessen wir uns zu Altona wohnhaft nieder,

der, um daselbst mit Zufriedenheit abzuwarten, wohin uns Gott weiter führen wolle. Ich sage mit Zufriedenheit, welche mir leichter ward als Christianen, die sich über unsern Zustand etwas ängstigte, als ich die Anerbietungen des Premier-Ministers Freyherrn von Münchhausen, wie er mich wieder nach Göttingen ziehen wolle, nicht annahm. Ich hielt ihr diese Aengstlichkeit gern zu gute, zumal da sie sich nach und nach legte, als sie die augenscheinlichsten und wichtigsten Proben göttlicher Vorsorge für uns sahe. Um ihr ein würdiges Vergnügen zu verschaffen, schlug ich ihr vor, daß wir unsere Gönner und Freunde zu Glückstadt, Itzehoe und Ranzau besuchen wollten, welches auch geschahe. Wir fuhren also erst nach Glückstadt, woselbst wir von dem Kön. Dän. Conferenzrath und Verbitter des Klosters zu Itzehoe von Ahlefeldt, sehr gütig aufgenommen wurden, und die unschätzbare Freude genossen, mit desselben Niece unserer theuren Freundin dem Stiftsfräulein Sophie Ernestine von Ahlefeldt, umzugehen. Christiane lernete noch andere würdige Personen kennen, unter welchen die gottselige Frau Conferenzräthin von Horn sie vorzüglich einnahm. Herr von Ahlefeldt ließ uns von hier nach Itzehoe bringen, woselbst wir in dem Hause der Frau Aebtißin von Ahlefeldt, meiner vieljährigen Gönnerin, sehr viel Güte genossen, andere alte Bekanntschaften erneuerten, und neue machten, unter welchen letzten einige adeliche Stiftsfräulein waren, für welche Christiane Hochachtung gewann. Die Frau Aebtißin ließ uns nach Ranzau zu dem Kön. Dän. geheimen Conferenzrath und Administrator der Grafschaft Ranzau, Freyherrn von Söhlenthal bringen, welcher ungemein ehrwürdige Mann, nebst seiner sehr schätzbaren zweyten Gemalin, uns mit Güte überhäufte. Christiane lernete dieses vortrefliche Ehepaar zum erstenmal kennen, und rechnete solches nachher beständständig unter die angenehmsten Begebenheiten ihres Lebens, ich aber kannte den sanften Menschenfreund und redlichen Christen Baron von Söhlenthal schon seit mehreren Jahren. Wir kehrten von diesen höchst angenehmen Besuchen, sehr vergnügt nach Altona zu unsern Kindern und Hausgenossen zurück.

Bey Christianen war noch viel von der St. Petersburgischen Schwächlichkeit übrig, daher sie einen Arzt suchen muste, dazu sie den Doctor Struensee erwählte, der ihr sehr gefiel, weil er gründlich urtheilte, und schlecht und recht in seinem Betragen war. Er brachte sie durch eigene Vorstellungen, und durch des berühmten Arztes und Menschenfreundes Herrn Zimmermanns Erfahrungen, von dem häufigen Genuß des starken Thee-Getränks ab, welches sie bisher nach rußischer Art, zum Schaden ihrer Gesundheit, zu sehr geliebet hatte. Weil sie von diesem Arzt eine grosse Meynung fassete, so gieng ihr sein nachmaliger schrecklicher Fall nach einer zu grossen und kurzen Erhebung, so sehr zu Herzen, daß sie sich lange nicht darüber beruhigen konnte. An dem redlichen Pastor Plüer und desselben Ehegattin, hatten wir zu Altona sehr liebe Freunde, welche Christiane eben so werth schätzte, als ich. Der damalige Polizeydirector der Stadt, Herr Justizrath Willebrandt, und desselben Haus, erwies uns sehr viel freundschaftliche Aufmerksamkeit, und er suchte insonderheit Christianen den Aufenthalt zu Altona angenehm zu machen. Des jetzigen Etatsraths Herrn von Aspern erste Gemalin, Hedewig Eleonore von Wolf, welche als Wittwe Hoppen ihrer Gedichte wegen rühmlich bekannt, und eine Frau von vielen Vorzügen war, zeigte eine grosse Zuneigung zu Christianen, welche diese vollkommen erwiederte, und so wie ich, ihrem langen und tödtlichen Krankenbette, mit der freundschaftlichsten Theil-
nehmung

nehmung beywohnte. Christiane fand zu Altona noch bey andern würdigen Personen, als bey der Frau Gräfin von Ranzau, u. a. m. Achtung und Liebe, und weil auch sehr viel Reisende uns besuchten, unter welchen mancher war den wir schon kenneten, so gewöhnte sie sich nach und nach schon an diese Stadt. Das nahe Hamburg trug auch viel zu ihrem vergnügten Zustande bey, weil es daselbst verschiedene ruhmwürdige Familien gab, die sie zu sich einluden, und ihr Gefälligkeit erzeigten, zu welchen der General und Commendant Baron von Janus, Herr Syndicus Faber, Herr Etatsrath Waitz, und derselben Gemalinnen, nebst noch andern, gehörten. Wir hätten unsere Bekanntschaft weit ausdehnen können, wenn wir nicht nach Altona in der Absicht gegangen wären, um daselbst ganz still und eingezogen zu leben, welchen Zweck wir aber doch nicht erreichen konnten. Auch hatten wir die Freude zu Altona von Christianens Mutter wieder besucht zu werden; es ward auch ihre Gesundheit sehr gestärkt. Dazu trugen die Spaziergänge in den dasigen angenehmen Gegenden das meiste bey, weil sie dieselben in Wiesen, Feldern, Alleen und Gärten anzustellen Gelegenheit hatte, in welchen allein sie zu Fuß gut fortkommen konnte. Und weil sie zwey Seereisen gethan hatte, so liebte sie nun auch die Fahrten auf der Elbe nach nahgelegenen Oertern. Die kurzen Spaziergänge richtete sie am liebsten nach Ottensen, um der Klopstockin Grab und Denkmal zu besuchen, welches sie allezeit mit zärtlicher Gemüthsbewegung betrachtete, und wenn sie eine Blume hatte, dieselbige jedesmal darauf legte. Wir lebten also in Altona vergnügt, ob ich gleich weder ein Amt, noch gewisse Einkünfte, noch Vermögen hatte. Wir hatten doch wegen der Geschenke, die wir aus Rußland, vornehmlich von unserer grossen Wohlthäterin der Frau Gräfin von L'Estocq bekamen, alles was wir für uns selbst, und für die vielen die uns besuch-

besuchten, gebrauchten, so reichlich, daß wir von vielen, insonderheit auch von unserm nahen Nachbar, der uns zuweilen mit seinem Besuch beehrte, von dem Kön. Dän. Geheimenrath, Ritter und Ober-Präsidenten von Quahlen, für reiche Leute gehalten wurden. Christiane hatte also die gröste Ursach, eben so wie ich, über Gottes väterliche Vorsorge für uns froh, und für dieselbige dankbar zu seyn, ihr auch in Ansehung des künftigen freudig zu vertrauen. Sie that es auch je länger je mehr, und Gottes Vorsorge übertraf unsere Wünsche und Hoffnung.

Unter einigen unerwartete Anträgen die mir geschahen, war auch derjenige, der auf meine gegenwärtigen Aemter gieng, und den ich annahm. Christianen wurde zwar bange darüber, daß ich wieder mit Schulsachen zu thun haben sollte, weil sie wuste, was mir dieselben zu St. Petersburg für Mühe, Last und Verdruß verursacht hatten: als sie aber wahrnahm, daß mein Gemüth wider mein eigenes Vermuthen auch zu dieser Art der Geschäfte abermals willig wurde: so überließ sie alles der Regierung Gottes, und wir reiseten 1766, im October von Altona ab, woselbst wir nacheinander in zwey Häusern, 1¼ Jahr gewohnt hatten. Die freundschaftliche Hülfe, welche uns beym abermaligen Einpacken, die nun selige Pastorin Plüer, und der eben so thätige als dienstfertige Herr Zeitz in Hamburg, leisteten, verpflichtete Christianen eben so wohl als mich, zu lebhafter Dankbarkeit, welche sie auch an ihrem Theil auf alle mögliche Weise bezeigte.

Wir kamen am 25sten October mit ihrer lieben alten Mutter in Berlin an, und traten in dem Hause ab, in welchem der Magistrat hiesiger Königl. Residenzien für uns einige Zimmer gemiethet hatte. :Wir wusten

wusten nicht, daß in demselben so grosse Menschenfreunde wohnten, wurden es aber gleich nach unserer Ankunft
gewahr, als der Geheime-Finanzrath **Geelhaar** und
desselben Tochter, eine der edelsten Jungfrauen, zu uns
schickten, und sich zu aller Hülfe erboten, welche sie
uns auch von dem Augenblick an, auf mancherley
Weise mit gröster Güte und Gefälligkeit leisteten.
Dieser gute Anfang rührte **Christianen** ungemein
stark, und es dauerte nicht lang als das freundschaftliche Herz der edlen **Geelhaar** sich mit dem ihrigen
vereinigte, welches Band **Christianens** Abschied, den
diese redliche Freundin, so wie ihr würdiger Herr Bruder beweint, nicht aufgelöset hat, denn es ist für die
Ewigkeit geknüpft. Der damalige Stadt-Präsident,
Geheime Kriegsrath **Kircheisen**, der noch lebende
Stadt-Secretär Herr **Schlicht**, und mein College
Herr Professor **Schulze**, waren die ersten Personen,
welche wir kennen lerneten, und **Christiane** bezeigte
ihrer lieben Mutter und mir die lebhafteste Freude
darüber, daß es so gute und dienstfertige Leute in Berlin gebe. Sie lernete nach und nach weit mehrere
kennen, und schätzte sich sehr glücklich, daß sie unter
vielen guten Personen eine Wahl zu der engen Freundschaft und Vertraulichkeit treffen konnte, für welche ihr
Herz geschaffen war. Die Gemalin unsers grossen
Gönners des Königl. Staats- und Justiz-Ministers
Herrn **von Münchhausen**, von der adelichen Fami-
lei **aus dem Winkel**, war die erste vornehme Frau,
welche sie kennen lernete, und in dieser, des Himmels
in welchen sie schon lange eingegangen ist, würdigen
Frau, fand sie das wieder, was sie mit andern derselben ähnlichen vortreflichen Frauen aus der edlen
Münchhausenschen Familie, verloren hatte, daher
sie eine zärtliche Verehrerin derselben war, und ihren
Tod lange beweinte und bedauerte. Nur die vertrau-
teste

teste Freundin dieser denkwürdigen Frau, die verwittwete Frau Gräfin Johanna Charlotta von Bers, geborne Gräfin Henkel von Donnersmark, konnte Christianen beruhigen, welche auch von dieser Zeit an ihre gnädige Freundschaft gegen sie verdoppelt, und sich dadurch ewige Verdienste um dieselbige erworben hat. Ich kenne die vortreflichen Eigenschaften dieser verehrungswürdigen Gräfin schon seit beynahe dreyßig Jahren, und ich weiß mir mit Ihrer gnädigen Freundschaft viel: aber die unveränderte wahre Freundschaft, welche Sie meiner Christiane erwiesen hat, werde ich Ihr mit derselben ewig verdanken. Christiane ist auch in Ihrem angenehmen Hause, und durch Sie, zu der Bekanntschaft mit mancher vorzüglichen Frau, einer von Thulemeyer, einer von Dorville, einer von Blankensee, und noch anderer, und zu der Freundschaft mit manchem hochachtungswürdigen Fräulein, einer von Carlowitz, von Geusau, von Malzahn, von Schlieben, von Boden, und anderer, gekommen, worüber sie viel vergnügte Stunden gehabt hat. Sie schätzte auch sehr hoch die Gunst der verehrungswürdigen Gräfinnen Reuß und von Rameke, und Ihrer Familien, und der vornehmen Frauen von Fürst, von Buddenbrock, von Hagen, und derselben Gräfin Schwester, und von der Hagen, deren persönlicher Werth, ihr durch mehr= und oftmaligen Umgang bekannt geworden war. Sie war auch sehr erkenntlich für die Güte, welche sie in den vornehmen Häusern von Herzberg, und von Zedlitz genossen hatte. Die Freundschaft der würdigen Gemalinnen meiner zwiefachen Herren Collegen, hielt sie für ein schätzbares Glück, und als die freundschäftlich verbundenen Häuser Spalding, Teller, Bamberger und Lüdke, uns in ihre Sonntags=Gesellschaft aufnahmen, widerfuhr ihr etwas

was, das sie sehr erfreuete. Denn sie kannte den grossen Werth eines jeden dieser vier Ehepaare, und weil sie mit meiner Meynung von der Schätzbarkeit der Collegialischen Freundschaft übereinstimmte, so war es ihr sehr angenehm, durch diese Verbindung mit den Gemalinnen zweyer meiner Herren Collegen im Oberconsistorio, mit zwoen zärtlichen Spaldinginnen, und mit einer sich so gern gefällig erweisenden Tellerin, öfters umzugehen. Christiane hielt es auch mit Recht für ein wahres Glück, freundschaftliche Nachbaren zu haben. Als solche schätzte sie mit mir das von Risselmannische, Geelhaarsche, Schmidtsche, Buchholzische und Gronauische Haus, auch das andere Schmidtsche, von Pipersche und von Roschenbarsche Haus, welche ehedessen zu unsern erwünschten Nachbaren gehörten. Sie ist von vielen gütigen und ruhmwürdigen Familien und Frauen, mit Güte, Besuch und Höflichkeit beehret worden, sie konnte aber nicht alle errichtete Bekanntschaften nach Wunsch unterhalten, weil sie in ihrer Haushaltung zu viel zu thun fand. Die hier gewöhnlichen Caffegesellschaften des Frauenzimmers, liebte sie nicht, besuchte sie also auch sehr ungern und höchst selten. Ueberhaupt war sie keine Freundin grosser Gesellschaften, weil sie weder dem Geist noch Herzen Nahrung geben: wer sie aber zu einer Versammlung von Tonkünstlern, welche eine Musik aufführen, einlud, dem hielt sie sich verpflichtet, so wie sie den Vorzug, welchen Berlin in Ansehung der Concerte hat, sehr zu preisen muste.

Ihrer alten Mutter war Berlin zu lebhaft und unruhig, und sie kehrte, als sie hier ein paar Jahre gewesen war, nach Stadthagen zurück, woselbst sie Jahr und Tag hernach die Erde freudig verließ, auf
der

der sie kein Vergnügen mehr fand. Christiane behielt immer eine unersättliche Reisebegierde, ungeachtet sie schon so viel gereiset war. Sie hätte so gar Seereisen wieder angetreten, ob gleich die beyden, welche sie gethan hatte, sehr beschwerlich gewesen waren. 1769 bekam sie eine erwünschte Gelegenheit ihre Reiselust zu befriedigen, und zugleich für ihre Gesundheit zu sorgen, als unsere huldreiche Freundin, die Frau Gräfin von L'Estocq aus Riga zu uns kam, und von hier nach Carlsbad in Böheim reisete, dahin sie Christianen mitnahm. Die Reise gieng hin und her über Leipzig, woselbst Christiane einige würdige Personen, vornemlich den verewigten Gellert kennen lernte, und das lehrreiche Vergnügen hatte, eine moralische Vorlesung mit anzuhören, die er der vortreflichen Gräfin zu Gefallen hielt, ausser welcher und Christianen er diesmal keine Zuhörer hatte. Zu Carlsbad traf sie die allezeit von ihr hochgeachtete Frau Doctorin Lieberkühn aus Berlin, mit derselben edelgesinneten Tochter, jetzigen Frau O. C. R. Spaldingin an. Die freundschaftliche Frau Gräfin von L'Estocq führte Christianen in die dasige adeliche Brunnengesellschaft ein, zu welcher sonst nicht leicht einer bürgerlichen Person der Zugang verstattet wird: als ihr aber dieser eröffnet war, wurde das damals gegenwärtige vornehme Böheimische und Sächsische adeliche Frauenzimmer, Christianen auch um ihrer selbst willen gut, und bezeigte ihr viel freundschaftliche Zuneigung. Ihre Briefe nenneten diese Personen, welchen sie sich besonders verbunden zu seyn empfand, ich besinne mich aber auf dieselben nicht mehr. Für mich waren die sechs Wochen ihrer Abwesenheit fast unerträglich, denn ich war in den damals verflossenen 14 Jahren unserer Ehe nur einmal vier und zwanzig Stunden lang von ihr getrennt gewesen, und folglich an Sie so gewöhnt,

gewöhnt, daß ich nicht ohne sie seyn konnte. Ich wuste mein Herz nicht zu beruhigen. Es ist mir in diesen Tagen einer meiner Briefe an sie, den sie aufgehoben hat, unter ihren Papieren in die Hände gefallen, in welchem ich am 10ten August ausser vielen andern Gedanken, auch diese an sie geschrieben habe. „Verdenk mirs nicht, geliebte Christiane! daß ich mich „über deine Abwesenheit gar nicht beruhigen und trö„sten kann, und daß ich dir dieses in so vielen Klage„briefen schreibe. Ich weiß mir in Wahrheit nicht zu „helfen. In diesem Stück bin ich kein Doctor der Phi„losophie. Ich ertrage deine Abwesenheit nur so wie „man ein schweres Leiden erträgt, das ist, mit der „schmerzhaftesten Empfindung. Ich will nicht, daß du „zu deinem Nachtheil eilen sollst zurückzukommen. Nein! „ich will deine Gesundheit und dein Vergnügen so sehr, „daß ich, so schwer es mir auch fällt, lieber noch unter„schiedene Tage in Bangigkeit und Schwermuth zubrin„gen will, als dir die Zeit entziehen, welche dir nöthig „und nützlich zur Stärkung deines Körpers ist. Aber „es ist zu viel, zwischen zwey einander entgegen gesetzten „so schweren Dingen zu wählen. Es ist vergebens zu „wünschen und zu rathen, daß ich anderes unschuldiges „Vergnügen suchen, und mir dadurch die Zeit verkürzen, „oder vielmehr deine Abwesenheit erträglicher zu machen „suchen mögte: denn ich kann und werde es nicht thun. „Ich will nur dich bey mir haben, und alsdenn habe ich „bey meinen vielen Arbeiten genug Vergnügen ꝛc." (Ich habe diese Stelle mit grosser Wehmuth abgeschrieben, weil ich natürlicher Weise unter dem Schreiben meinen gegenwärtigen unendlich schlimmern Zustand mit dem damaligen verglichen.) Als sie endlich im Anfang des Septembers mit der theuren Gräfin zurückreisete, ritt ich der Freundin und Gattin entgegen. In Potsdam fand ich sie noch nicht, ich suchte sie also zwey

D Mei-

Meilen weiter zu Beeliz, und da ich sie auch hier noch nicht antraf, so machte mich auf den Weg nach Treuenbrizen, auf welchem ich ihnen zu meiner unaussprechlichen Freude begegnete. Jetzt kann ich sie nirgends als im Himmel suchen, da werde ich sie aber auch finden. Ich komme wieder zu ihrer Geschichte. Das Carlsbader heiße Wasser, hatte ihren Körper gereiniget und gestärkt, und sie wurde im Decembermonat dieses Jahrs abermals schwanger. Meine Freude und Hoffnung war groß, allein am 24sten August 1770 erfolgte die etwas zu frühzeitige Geburt eines ein paar Tage vorher gestorbenen Söhnleins, die uns sehr betrübte. Es war aber erfreulich, daß **Christiane** bey dieser Entbindung, vor welcher sie vier und zwanzig Stunden lang grosse Angst empfand, glücklich überstund.

Den Tag vor Pfingsten 1772 reisete ich mit ihr nach Frankfurt an der Oder, woselbst unser lieber Neffe **Dilthey** studirte. Wir musten daselbst bey dem Doctor und Prof. **Töllner** wohnen, welcher ungemein schätzbare Mann, uns mit Freundschaft und Güte überhäufte. Er war schon damals sehr schwächlich, aber bey seinen Vorlesungen strengte er sich an, so daß er dieselben mit grosser Munterkeit verrichtete. Christiane, die seine gesellschaftlichen Unterredungen, weil sie sehr lehrreich waren, mit lehrbegieriger Aufmerksamkeit anhörte, wohnte auch einer seiner Vorlesungen, jedoch ungesehen, bey. Sie lernete hier, so wie ich manche vorzügliche Person kennen, unter welchen die Frau Obristin von **Eglofstein** oben an stehet, von welcher und Ihrem Herrn Gemahl, wie auch in dem Curtsischen und Miloischen Hause, uns viel Güte erwiesen wurde. Die letzte Reise, welche ich mit meiner Christiane gethan habe, gieng am 3ten Junius 1775 über Potsdam

kam nach Rekahn, zu dem Herrn **Domherrn von Rochau** und deſſelben Frau Gemalin. Chriſtiane
hatte von der Vortreflichkeit dieſes Ehepaars durch die
zuverläßigſten Zeugen unbeſchreiblich viel Gutes gehört,
und ihr Verlangen daſſelbige kennen zu lernen, war
von ſtarker Sehnſucht begleitet. Es ward erfüllt,
und ſie fand weit mehr als ſie gehöret hatte. Man
kann alſo leicht erachten, mit welchem Vergnügen
und Nutzen ſie in dieſem höchſt angenehmen und
lehrreichen Hauſe geweſen ſey. Ihr Herz ward ganz
an daſſelbige gefeſſelt, es war für ſie Wolluſt daran zu denken und davon zu reden, und wäre noch
dieſer Wunſch erfüllet worden, daß die vortrefliche
Menſchenfreundin, die Frau von Rochau, hieher
nach Berlin gekommen, und bey Ihr eingekehret wäre, ſo würde ſie ſolches zu dem angenehmſten, das
ihr auf Erden widerfahren, gerechnet haben, denn
ſie liebte dieſelbige und ihren Herrn Gemal, auf eine
ſehr vorzügliche Weiſe. Die übrigen ihr angenehm
geweſenen Bekanntſchaften, welche ſie zu Rekahn gemacht hat, auch zu Brandenburg mit mir gern entweder erneuert oder errichtet hätte, wenn ſie nicht
wäre durch eine Unpäßlichkeit daran gehindert worden, ſind aus meiner Reiſebeſchreibung zu erſehen.

Chriſtiane hatte von ihrer Mutter die Anlage
zu einem ſehr fleiſchigten und fetten Körper ererbet,
welchen ſie auch nach dem dreyßigſten Jahr bekam,
der ihr viele Beſchwerlichkeit verurſachte, und leicht
verſchleimte. Sie ſuchte ſich durch das viele kalte
Waſſer welches ſie trunk, und durch Bewegung zu
helfen: das erſte half ihr auch viel, allein die zweyte war nicht hinlänglich, weil ihren Füßen das gehen
zu ſchwer fiel, und es ihr bald an Othem fehlte.
Am beſten kam ſie noch in Gärten, Wäldern und

Feldern fort, es versetzte sie aber auch die gelindeste Bewegung in einen starken Schweiß. Unterdessen gieng ihr doch ein Spatziergang ausserhalb der Stadt, vornemlich an einem schattigten Ort, über alles. In den meisten Sommern genoß sie auch wenigstens etwas von diesem erwünschten Vergnügen. Sie war in dem Garten ihrer Freundin der Frau Kriegsräthin Wackenroder, im Thiergarten in der sorgfältigen Verpflegung der Frau Professorin Michaelis, in dem Weinberge meines freundschaftlichen Collegen des Herrn O. C. R. Diterichs, und desselben liebreichen Gemalin; zu Charlottenburg als unser Freund Herr Baron von Mengden daselbst noch als Major unter seinem Befehl eine Schwadron von der Garde zu Pferde hatte, zu Lützow bey Charlottenburg im Genuß der grossen Freundschaft des Herrn Kriegsraths und ersten Bürgermeisters Diterich und desselben Gemalin, zu Weissensee in des Herrn Predigers Jobst Hause, und im Genuß der grossen Gastfreyheit des Geheimenraths von Nüßler, zu welchen sie auch ausserdem oft kam, bald durch Vorsorge ihrer liebreichen Freundinnen, der Frau Geheimenräthin Cothenius, und Frau Kriegsräthin Sydow, bald auf andere Weise, zu Panko, entweder bey der angenehmen Madame Caco, oder bey dem dienstfertigen Herrn Banquier Scheel, oder in des Herrn Predigers Nodt Hause, und im Umgange mit einer zärtlichen Kornmann, welche ihr sehr gefiel; sie besuchte auch in der Gesellschaft ihrer Freundin Geelhaar, die gütigen Häuser der Frau Geheimenräthin von Reinhard zu Tempelhof, und des Herrn Obristwachtmeisters und Kammerherrn von Hombold und desselben Gemalin, zu Teegel. Jedoch diese und andere Gelegenheiten zu nützlicher Bewegung und Gemüthsveränderung, waren nicht hinlänglich, ihrem Körper wahre und dauerhafte Gesundheit zu geben, zumal

da

da sie sich dem funfzigsten Jahr näherte, um welches in der weiblichen Natur eine grosse und oft gefährliche Veränderung vorgehet, deren Anfang sich schon bey ihr unordentlich einstellte. Ich kaufte ihr also im Februarmonat dieses Jahrs einen kleinen Garten mit einem kleinen Hause, dessen Lage ihr wegen des Diterichschen Weinbergs, in welchem sie vor einigen Jahren nach einem langen Fieber einige Wochen vergnügt zugebracht hatte, die angenehmste Nachbarschaft, und wegen des angränzenden Feldes, erwünschte Bequemlichkeit zum Spazieren, zeigte. Sie freuete sich sehr über diese Kleinigkeit, und wollte im Anfang des Maymonats das kleine Wohnhaus in dem Garten beziehen: es war ihr auch mein Gedanke angenehm, daß unsere Leichname künftig in diesen Garten beerdiget werden sollten, wie sie selbst einige Stunden vor ihrem unvermutheten Abschiede, zu ihren weiblichen Domestiken sagte. Gottes Vorsehung hat sie das letzte, und nicht das erste erfahren lassen, ehe ich aber davon rede, muß ich erst Christianens Character schildern, so wie ich denselben von ihrer Kindheit an, und noch mehr während der vielen Jahre unsers Ehestandes, gekannt habe.

Sie war vollkommen aufrichtig und redlich, und also auch völlig zuverläßig. So bewies sie sich von der Kindheit an gegen ihre Eltern und jedermann, und gegen mich würde sie sich keine Verstellung zu gute gehalten haben, wenn sie auch zu derselben wäre versucht worden. Es giebt viele nicht schlechte Frauen, welche es für erlaubt ansehen, dieses und jenes vor ihren Männern heimlich zu halten, von dieser Art aber war Christiane nicht.

Sie liebte Gott und den Heiland der Welt von ganzem Herzen, ohne eine gewisse äussere Form des Christenthums selbst zu erdenken, und von andern anzunehmen, ohne eine Andächtige zu spielen, aber auch ohne sich ihrer Gesinnung zu schämen. Die aufrichtigen Verehrer und Bekenner Gottes und Jesu Christi, waren ihr lieb, ohne Unterschied der äussern Kirche zu welcher sie gehörten. Ueber die verschiedenen Meynungen und Lehrsätze der Christen, ärgerte sie sich nicht, sie konnte auch solche, an welchen andere redliche Christen Anstoß nehmen, ohne Aergerniß anhören und lesen, ja sie hörete gern die Gründe derselben, und wenn sie dieselben für überzeugend, wenigstens für sehr wahrscheinlich hielt, so gab sie den Lehrsätzen in so fern Beyfall, ohne auf diejenigen, von welchen sie dieselben zuerst gehöret hatte, weiter zu sehen. Von der Sectirerey war sie also weit entfernt.

Sie hatte ein sehr zärtliches Herz, und war ganz für die Freundschaft gemacht. Daher hat sie auch an allen Orten wo sie gewesen ist, Freundinnen und Freunde gefunden, welche sie für das gröste irdische Gut geschätzt, und denen sie unveränderlich ergeben geblieben. Von einer Person, mit der sie durch Freundschaft verbunden war, etwas zu hören und zu lesen, und noch mehr sie selbst wiederzu sehen, war ihr ein süsses Vergnügen. Ihre Neigung zu der Freundschaft, war in der That grösser, als die Neigung zum Ehestande, ohne diesen hätte sie lebenslang seyn können, aber nicht ohne jene; ja sie schickte sich mehr zu der Freundschaft als zu dem Ehestande. Sie sung ehedessen:

Soll Hymens Band mich einst verbinden,
So will ich meinen besten Freund
In dem geliebten Gatten finden,
Mit dem sich meine Brust vereint,

und ich habe erfahren, daß sie die Ehe am meisten um der Freundschaft willen schätzte. Ich würde es selbst für eine Thorheit, ja für noch was ärgers gehalten haben, wenn ich ihr nicht hätte verstatten wollen, auser Freundinnen auch Freunde zu haben, und sich über dieselben zu freuen: ich bin ihr also auch darinn nicht nur niemals hinderlich, sondern vielmehr sehr gern dazu beförderlich gewesen, denn ich war gewiß, daß ich nichts dabey verlor.

Sie war sehr mitleidig mit Nothleidenden und Elenden, und wenn sie auch nur 2 Louis d'or hatte, so kam es ihr gar nicht schwer an, einen, ja auch wohl beyde, für einen Hülfsbedürftigen wegzuschenken. Aber weil sie von Natur ein wenig mißtrauisch war, so untersuchte sie nicht bloß die Hülfsbedürftigkeit, sondern auch die Hülfswürdigkeit einzelner Personen. bisweilen etwas zu lange.

Christiane war auch sehr gastfrey, insonderheit gegen Fremde oder Reisende, weil sie selbst auf ihren vielen Reisen erfahren hatte, wie angenehm es ist, auch zu gastfreyen Leuten zu kommen, selbst alsdenn wenn man so viel hat, daß man den Aufenthalt in den besten Wirthshäusern, die wir auf unsern Reisen allezeit ausgesucht haben, bezahlen kann. Sie gab sich also auch gern in Ansehung fremder Personen, welche uns besuchten, viel Mühe, ließ es sich auch gefallen, wenn ich fast unmittelbar vor dem Essen einige Personen bat, mit uns zu speisen, ob sie gleich alsdenn zuweilen in größter Geschwindigkeit noch für eine oder die andere Speise sorgen muste.

Sie war sehr munter und lebhaft, auch ordentlicher Weise von einem angenehmen Wesen. In ihrer

Kindheit und ersten Jugend, erblickte man in ihrem Gesicht eine etwas melancholische Zärtlichkeit, welche sie sehr anmuthig machte: nachher trat in die Stelle derselben, wenn sie unlustig war, eine finstere Ernsthaftigkeit, und endlich eine sauer-süsse Mine, wie ich dieselbige zu nennen pflegte, die auch in dem Bildniß herrschet, welches ich 1769 ein paar Tage vor ihrer Reise nach dem Carlsbade, malen ließ, und die der Kupferstecher in dem nach diesem Gemälde gemachten Kupferstich, auch ziemlich natürlich ausgedrückt hat. Der finstere Theil dieser Mine, entstund nach und nach seit der Zeit da sie der Haushaltung vorstund: denn sie konnte sich in die Nachläßigkeiten und Unarten der Domestiken zu wenig finden. Sie ärgerte sich zu viel darüber, sie hielt sich zu lang dabey auf, und hatte die irrige Meynung, daß die Verweise scharf und lang seyn müsten, wenn sie Eindruck machen, und eine gute Wirkung thun sollten. Sie hatten aber weder in Ansehung ihrer selbst, noch der Domestiken, eine gute Wirkung, insonderheit zog sie sich selbst dadurch ein unlustiges Wesen, welches ihr sonst gar nicht natürlich war, und Beschädigung ihrer Gesundheit zu. Hierinn bestund ihr grösster Fehler, den ich weder verhüten noch wegschaffen konnte.

Sie hatte guten, durch Unterricht wohlgebaueten Verstand. Sie hörete sehr gern den lehrreichen Unterredungen gelehrter Männer und Forscher der Wahrheit zu, und dieses sowohl als das Lesen in nützlichen Büchern, war ihr weit angenehmer, als die Gesellschaft schwatzhafter Frauenspersonen. Sie las täglich, noch lieber aber ließ sie sich etwas vorlesen, um während der Zeit Handarbeit zu verrichten. Gute deutsche, französische und italiänische Gedichte, las sie nicht nur gern, sondern behielt auch viele Stellen aus denselben

selben im Gedächtniß. Philosophische, wirklich erbauliche nicht fanatische Schriften, waren ihr vorzüglich lieb. Schlechte und schmutzige Romane, hat sie nie geliebt noch gelesen. Gelehrt, im eigentlichen Verstande, war sie nicht, insonderheit verstund sie nichts von der lateinischen und griechischen Sprache, und das war mir sehr lieb, weil ich sie wohl nicht geheirathet haben würde, wenn sie im eigentlichen Verstande ein gelehrtes Frauenzimmer gewesen wäre: denn nach meiner Meynung, muß ein gelehrtes Frauenzimmer keinen gelehrten, sondern einen ungelehrten Mann haben. Es hat ihr in ihrer Jugend nicht an Rathgebern gefehlt, welche sie zu Erlernung der lateinischen und griechischen Sprache, und verschiedener Wissenschaften, zu ermuntern suchten: allein sie antwortete ihnen in einem besondern Gedicht, in welchem diese Stelle vorkommt:

Und kann ich gleich der Alten Schriften

In ihrer Sprache nicht verstehn,

Noch mir darinn ein Denkmal stiften,

Und mich, wie sie, verewigt sehn:

So kann ich doch der Weisheit Wesen

In meiner Muttersprache lesen.

Sie schrieb zwar nicht ganz orthographisch, aber in Ansehung des Stils waren ihre deutschen und französischen Briefe schön. Sie führte ehedessen einen starken Briefwechsel, nach und nach aber vergieng ihr die Lust zu demselben, und sie blieb manche Antwort entweder ganz oder doch lange schuldig.

Sie konnte sich bey hohen und geringen Personen gefällig machen, bey jenen durch Verstand, Sprache und Artigkeit, bey diesen durch liebreiche Herablassung und Freundlichkeit.

Sie war eine grosse Haushälterin, weder geitzig noch verschwenderisch, beständig arbeitsam, so daß man sie niemals müßig sahe, wuste nichts von Charten und irgend einem andern Spiel, verfertigte sich aber ihre kleinen Kleidungsstücke, und ihren Putz selbst, frisirte sich auch selbst, so daß ihr in ihrem ganzen Leben die Frisirer nicht zehn Thaler gekostet haben, konnte kräftige und wohlschmeckende Speisen bereiten, und stund der Küche während der meisten Jahre ihres Ehestands selbst vor, ob es ihr gleich sauer ward, und sie leicht in beschwerlichen Schweiß gerieth. Sie hat die Würde der weiblichen Geschäfte in einer eignen Ode besungen, welche sich also endet.

Ja, Schwestern! lernt, ja lernt nur denken,
Blos denkend könnt ihr glücklich seyn.
Müßt ihr euch ganz der Wirthschaft schenken,
So geht den Schluß nur denkend ein:
Ja folget freudig dem Geschicke,
Auf was vor Wegen es euch führt:
O wenn man nur an unserm Blicke
Daß unsre Seele denkt, und edel denket, spührt.

Christiane war auch eine zärtliche Mutter ihrer Kinder, und scheuete keine Mühe und Arbeit in Ansehung derselben, so wie sie auch alle selbst gesäuget hat. Ihre Kinder haben ihr nicht nur das fertige, sondern auch das erste deutsche und französische Lesen, gröstentheils zu danken, und wenn sie sich von derselben etwas deutsches und französisches vorlesen ließ, so erklärte sie es ihnen auch. Ihres Bruders Sohn, liebte sie wie ihr eignes Kind, und sie war überhaupt eine grosse Kinderfreundin. Bey dem frühzeitigen Tode unserer meisten

sten Kinder, hat sie sehr schmerzhafte Empfindungen gehabt, aber sich nie ausschweifend traurig betragen. Beydes bezeugen ihre Gedichte auf diese Todesfälle, welche in meinem Christen bey den Särgen, stehen.

Sie war eine treue Gattin, zwar nicht lange und nur mäßig verliebt, weil ihre Natur es also mit sich brachte, auch nicht allezeit aufmerksam genug auf ihren Mann: allein diese Art der Nachläßigkeit, war nur in ihrem Körper gegründet, und ich wuste, daß sie mich doch sehr liebte.

Sie glaubte dem Evangelio unsers Herrn Jesu Christi, welches Unsterblichkeit der Seele, Auferstehung des Leibes, und ewiges Leben verheisset, von ganzem Herzen, und freuete sich auf die künftige Glückseligkeit, von welcher sie so wie ich, gern sprach, insonderheit auf die unmittelbare Kenntniß des Heilands, dem sie herzlich dankbar und ergeben war: allein sie fürchtete, daß sie die Erde nicht freudig genug verlassen werde, wenn der Herr sie von derselben abrufe, und war wegen eines sehr beschwerlichen, schmerzhaften und langen Krankenbetts, nicht ohne Sorgen. Aber Gott hat sich ihrer erbarmet, und allem was sie besorgte, auf eine zwar von uns beyden nicht geglaubte, aber für sie sehr vortheilhafte Weise, abgeholfen.

Sie war, wie ich schon gesagt habe, corpulent, ihr Körper verschleimte leicht, sie schwitzte auch leicht und stark, und setzte sich dabey der Zugluft und Verkältung zu sehr aus, daher ihr D. Springsfeld zu Carlsbad voraus sagte, daß sie an einem Schlagflusse sterben werde. Am 16ten April war sie vom Mittag bis Abend in ihrem kleinen Garten, dessen oben Erwähnung geschehen ist, und wünschte wärmeres Wetter, um in dem Gartenhause wohnen zu können.

Um eben diese Zeit bekam sie auf einmal einen mäßigen Husten, den sie der des Nachts eingeathmeten kalten Luft, ich aber dem in ihrer Brust vorhandene Schleim, zuschrieb. Sie beschloß Selterser Wasser zu trinken, um den Schleim zu vertheilen, und ich rieth ihr dazu. Am 20sten versammleten sich unsere kleine Gesellschaft in dem freundschaftlichen Hause des Herrn Kirchenraths **Bamberger** und desselben Frau Gemalin, und **Christiane** war zwar etwas engbrüstig, aber doch munter. Am 21sten war sie Vormittags etwas träge, Nachmittags aber recht munter, als sie erst ihr und mein vieljähriger Freund, Herr Leg. Secr. Runze, und gleich hernach die ihr angenehme Frau Kriegsräthin Wackenroder, besuchte. Gegen Abend kam sie zu mir auf meine Stube, sagte zwar daß ihre Brust verschleimt sey, und sprach wieder von Selterser Wasser, war aber übrigens lebhaft und vergnügt. Ich konnte wegen meiner Arbeiten nicht hinunter zum Abendessen gehen, sie speisete also mit unserm jüngsten Sohn allein, der auch bis nach 10 Uhr bey ihr blieb, war gesprächig, und hörete die Reden ihrer weiblichen Domestiken, welche bis 11 Uhr bey ihr waren, mit Nachsicht an. Als die Unterredung mit ihrer Hausjungfer auf den Tod kam, sagte sie zu derselben, daß ich meinen Leichnam in unserm Garten beerdiget haben wolle, und daselbst solle der ihrige auch begraben werden. Sie zweifelte zwar, daß sie wegen des Hustens ruhig schlafen werde, gieng aber doch nach 11 Uhr zu Bette. Gerade um Mitternacht oder 12 Uhr, weckte sie das neben ihr an schlafende kleine Mädgen, welches auch gleich aus dem Bette sprang, und befahl demselben Feuer anzulegen, und die Jungfer zu rufen, weil sie ein paar Tassen Thee trinken wolle. Das Mädgen that beydes, und gleich darauf klopfte sie stark, worauf die aus dem Bette gesprungene Jungfer zu ihr hinaufflief. Als diese in ihre Kammer

mit

mit verbundenem Munde trat, bedauerte **Christiane** sie wegen ihrer Zahnschmerzen, und sagte ganz geruhig, daß sie sich nicht recht wohl befinde, und daß insonderheit der Husten sie nicht schlafen laße, daher sie, um den Auswurf des Schleims zu befördern, Thee trinken wolle, befahl ihr auch, mich zu wecken. Das letzte geschah, ich fuhr, als die Thür geöfnet ward, aus dem Schlaf bestürzt auf, und kleidete mich schnell an, die Jungfer aber lief gleich wieder zu **Christianen**, deren Zustand sich während der noch nicht vergangenen Minute ihrer Abwesenheit, auf einmahl sehr verschlimmert hatte. Die Jungfer fand sie im Bette auf den Knien sitzend, sie hielt die Hand an die Brust, hustete, hatte Mangel an Othem, und befahl ihr, mich noch einmahl geschwind zu rufen. Ich war schon angezogen, und lief der Jungfer nach, zu welcher sie gleich bey der Zurükkunft ängstlich sagte, sie könne keine Luft schöpfen, sie sterbe, man müsse ihr geschwind eine Ader öfnen, und man solle sie nicht zu früh beerdigen. In dem Augenblick war ich bey ihr, und sie sagte zu mir, es habe sie ein Steckfluß überfallen, ich mögte ihren Leichnam nicht zu geschwind begraben laßen. Erschrocken richtete ich sie auf, und ermunterte sie zum getrosten Muth, und zum Vertrauen auf Gott ihren Heyland, sie seufzete, Herr Jesu erbarme dich über mich, und entschlief. Es gieng alles so geschwinde zu, daß, ob sie gleich das Mädgen erst um 12 Uhr geweckt hatte, sie doch schon vor einem Viertel auf 1 Uhr verschieden war, daher auch mein geweckter jüngster Sohn, die aus dem Kloster gerufene dienstfertige Frau Magistrin **Hermes**, welche mit ihrem Mann herbey eilte, der Wundarzt Herr **Jungk**, und der Herr Geheime Rath D. **Muzelius**, sie nicht mehr lebendig antrafen. Der Wundarzt öfnete zwar auf mein Verlangen eine Ader, allein es liefen nur wenige Tropfen Bluts weg; hingegen quoll der Schleim, welcher

sie

sie erstickt hätte, nebst vielem Blut stark aus ihrem Munde heraus, und man sahe hernach auf dem ganzen Körper Zeichen des Schlagflusses, welcher sich zu dem Steckfluß gesellet hatte.

Es ist mir niemals etwas so schreckliches und schmerzhaftes begegnet, als der frühe, unerwartete und schleunige Abschied dieser meiner geliebten und hochgeachteten Gattin, und ältesten Freundin. Ihr war der Tod ihres Körpers nicht fürchterlich, ob er ihr gleich ganz unvermuthet wiederfuhr, denn sie redete das wenige was sie noch sprach, zwar in großer Beängstigung des Leibes, aber mit Stärke und Standhaftigkeit: allein mir wiederfuhr dadurch etwas, welches ich für schrecklicher als den Tod meines eigenen Körpers halte. Hier vereinigte sich der Schmerz über einen unersetzlichen Verlust, mit dem Schrecken, den die Geschwindigkeit desselben verursachte, obgleich diese für meine himmlisch gesinnte Christiane eine große göttliche Wohlthat war, die ich mit wehmüthigen Dank gegen Gott erkenne. Unzählige Thränen, lange Traurigkeit, anhaltende Wehmuth und Sehnsucht, sind zu wenig für diese unschätzbare Freundin und Gattin, deren Werth viele Personen in verschiedenen Ländern und Oertern eingesehen, aber doch nicht so wie ich erkannt haben. Ich habe von dem unvergeßlichen Augenblick ihres Abschieds an, bis jetzt, mich innerlich aufs stärkste gedrungen gefunden, heimlich meinen großen Verlust zu beweinen, und öffentlich auf alle ersinnliche Weise zu zeigen, wie hoch ich sie geschätzet habe, und noch schätze. Ich weiß sehr wohl, daß sie ein Eigenthum des Gottes ist, der sie mir genommen, und des Heilands, den sie einschlafend angerufen hat, aber ich nenne sie doch noch meine Christiane, und werde sie so lange, bis auch ich aus Gnaden selig werde, und alsdenn ewig so nennen, und da wird unsere gegenseitige alte Freundschaft und

Liebe

Liebe, von aller Unvollkommenheit ganz frey seyn. Ich bin gewohnt täglich einige mahl, so wie für meine Anverwandte, Freunde, Gönner und Wohlthäter, also auch vornemlich für die Meinigen zu beten, und **Christiane** ist natürlicher Weise allezeit die erste gewesen. Einige Tage lang war es mir fast unerträglich, daß sie in meinem Gebet fehlte: aber seitdem ich bete, daß Gott meine **Christiane** in ihrem gegenwärtigen Zustande erquicken, und seine gnädigen Verheißungen, die er denen, welche ihn lieben, gegeben hat, auch an ihr erfüllen, und uns in seinem Himmel mit allen den Unsrigen wieder vereinigen wolle: seitdem scheinet es mir, als ob meine Gemeinschaft mit ihr noch die alte sey, außer daß ich ihr sichtbares Wesen in meinem Hause und Garten vergeblich suche, und wieder in dem Stande der zärtlichen Sehnsucht nach ihrem Besitze bin, in welchem ich als vieljähriger Bräutigam war. Freylich ist diese Sehnsucht nagend, weil sie nicht mit Hofnung von der Art verbunden ist, welche sie damals erträglich machte: aber ich will den Glauben an die Verheißungen Gottes nicht fahren laßen, sondern zuversichtlich erwarten, daß er mich mit meiner geliebten **Christiane** in einem vollkommneren Zustande wieder, und auf ewig, vereiniget werde.

Nicht nur ihr letztes mündliches Verlangen, sondern meine eigene Ruhe, bewog mich, ihren erblaßten Leichnam fünfmal vier und zwanzig Stunden unter meiner Aufsicht zu behalten, auch von andern beobachten zu laßen, um die zunehmenden Stufen der Verwesung mit völliger Ueberzeugung zu bemerken. Ich ließ ihn in dem Bette, und in der Lage, in welcher er sich sterbend befunden, bis gegen das Ende des zweyten Tags, und er ward erst am 26sten April als die Beerdigung geschehen sollte, im Sarge verschlossen. Daß ich von der hiesigen

sigen Gewohnheit abgegangen bin, ihn weder am Tage, noch des Abends, sondern vor Anbruch des Tags, nach seiner Ruhestätte gebracht, auch zu derselben weder eine Kirche noch einen Kirchhof, sondern nach gesuchter und erlangter Erlaubniß des Königl. Oberconsistoriums, den kleinen Garten, welchen ich ihr vor 4 Monaten gekauft, erwählt, auch bey der Wegführung des Leichnams keinen Pracht, sondern nur Anständigkeit, beobachtet habe: ist ihren und meinen Grundsätzen, und der in gesunden Tagen getroffenen Verabredung, gemäß gewesen. Auf einer Seite des kleinen steinernen Wohnhauses in dem Garten, sind 5 kleine Bette, die ohne Zweifel bey ihrer Anlage zu Blumenbetten bestimmt gewesen, ob sie gleich als ich den Garten kaufte, ohne Blumen waren. Das nächste Bett bey dem Hause, habe ich tief ausgraben, und den Sarg mit dem mir theuren Leichnam, daselbst am 26sten April früh Morgens gegen halb 4 Uhr versenken, hierauf aber das Bett sogleich wieder herstellen, und den übrigen an Höhe gleich machen laßen, es auch so, wie die andern, mit Blumen bepflanzt. Da ich alle Morgen durch diese Gegend, und zwar des Sommers schon um 4 Uhr, zum Thor hinaus gehe, um meinem Körper die nöthige Bewegung zu geben: so nehme ich nun meinen Rückweg allemal über den Garten, und besuche Christianens Blumenbett auf einige Minuten; ich habe auch schon angefangen, den Sonntag in dem Garten und desselben Wohnhause zuzubringen, werde auch zuweilen daselbst in der Nähe ihres Leichnams schlafen, um in der Gemeinschaft mit ihr auf alle mögliche Weise zu verbleiben. Es gereicht mir zu großer Beruhigung, daß ich Christianens Leichnam in meinem eigenen Grund und Boden verwahre, und ich werde dafür sorgen, daß diese Stätte nicht vernachläßiget werde, zumal da sie auch meines Leichnams Begräbnißplatz seyn soll. Meinen Gedanken, daß die Blumen über und neben hen Christianens Leichnam, Bilder der Sterblichkeit und Auferstehung zu ihrem Gedächtniß sind, hat unser grosser Dichter Herr Professor Ramler, auf folgende Weise schön eingekleidet.

Hier verblühen,
und blühen tausendmal wieder auf
Blumen der Erde.
Eine Blume verblühet hier,
die nur einmal wieder aufblüht
um ewig zu blühen.
Deinem Andenken sey diese Stätte
heilig
Polyxene Christiane Auguste
Dilthey,
Dir weihet sie dein Gatte
Anton Friedrich Büsching.

Berlin,
am 22ten April,
1777.

Diese Inschrift wird jetzt von dem geschickten Künstler und Bildhauer Herrn Johann Christian Hoppenhaupt, in weissen carrarischen Marmor, mit erhabenen römischen Buchstaben gehauen, und stark vergoldet. So bald die Tafel fertig ist, soll sie von aussen in die Mauer des Hauses, nahe bey Christianens Blumenbette gesetzt werden, und inwendig in dem Hause hängt in dieser Gegend ihr gemaltes Bildniß, nach welchem der Kupferstich, der gegen den Titul dieser Gedächtnißschrift über stehet, gestochen ist.

Ich danke allen, die meiner Christiane jemals Gnade, Güte, Liebe, Freundschaft und Höflichkeit erwiesen haben, nicht nur der obbenannten, sondern auch der weit grössern Anzahl der nicht genannten, von ganzem Herzen, und bitte Gott, daß er ihnen dieselbige vergelten wolle.

Geendigt am 14ten May 1777.

Anhang.

Anhang.

Urkunde
der Kön. deutschen Gesellschaft zu Göttingen, durch welche sie
Christianen
zu ihrem Ehrenmitgliede erkläret hat.
1751.

Die Königliche Großbritannische und Churfürstl. Braunschw. Lüneb. Deutsche Gesellschaft, welche unter ihrem Obervorsteher, Seiner Hochreichsgräflichen Gnaden, Herrn Heinrich dem Eilften älterem Reus, des H. R. R. Grafen und Herrn von Plauen, Kranichsfeld, Gera, Schlaiz und Lobenstein u. s. f. regierendem Grafen zu Obergraiz, auf der Georgaugustuniversität blühet, kann die edlen Bemühungen so vieler verehrungswürdigen Frauenzimmer in den Werken des Geschmacks, nicht anders als einen besonderen Vorzug unserer Zeiten betrachten. Sie hat auch bey verschiedenen Gelegenheiten ihr lebhaftes Vergnügen geäussert, welches sie bey so würdigen Beschäftigungen empfindet, und manche anmuthige Dichterin, die Deutschland Ehre macht, unter die Zahl ihrer Mitglieder aufgenommen. Daher befürchtet sie billig, sich von Kennern ächter Verdienste einige Vorwürfe zuzuziehen, woferne sie den seltenen Eigenschaften der Hochedlen Jungfer, Jungfer **Polyrenen Christianen Augusten Dilthey**, weniger Gerechtigkeit wiederfahren liesse. Der Eifer, mit dem Sie die Gesetze einer reinen Tugend erfüllet,

und

und die Stärke des Geistes, die in ihren Aufsätzen überall kennbar ist, haben die Gesellschaft gänzlich für Sie eingenommen. Sie erkennet alles Schätzbare Ihrer Arbeiten, und widmet derselben diejenige Hochachtung, zu der sie durch ihre Vorschriften und Verbindungen verpflichtet ist.

Damit sie aber diese Gesinnungen noch feyerlicher bezeuge, beschliesset sie, wohlgedachte Jungfer **Polyxenen Christianen Augusten Dilthey,** hinführo unter ihre Ehrenmitglieder zu zählen. Sie sucht hiedurch nicht weniger die Töchter Deutschlands zu einer eifrigen Nachfolge aufzumuntern, als den Fleiß dieser geistreichen Dichterin zu krönen. Denn sie sehnet sich nach den frohen Zeiten, in welchen die feinere Art zu Denken, in allen Gränzen unsers Vaterlands herrschen, und eine allgemeine Huldigung erhalten wird.

Der Präsident und Senior haben, um diese Handlung zu bestätigen, diese Urkunde selbst unterzeichnet, und durch das Insiegel der Gesellschaft bekräftigen lassen. Göttingen am 25sten des Augusts, im Jahre 1751.

(L. S.)   **Johann Philipp Murray,**
der Gesellschaft Secretär.

Urkunde
durch welche
Christiane
zu einer Kaiserlichen gekrönten Dichterin
ernannt und erkläret worden.
1751.

Wenn weise Gesetzgeber oder Regenten einige Dinge, deren Seltenheit schädlich war, in ihren Republiken gern häufiger sehen, oder deren Gebrauch vermehren wollten, so bestimmten sie durch ihre Macht denselben einen grossen Werth, und erhöheten den, welchen die Gewohnheit, oder Unwissenheit zu gering angesetzet hat. Der Werth hat die Meynungen der Menschen jederzeit regieret, er macht die Hochachtung, und die Begierde. Der Werth lehret die Menschen, selbst Steine, die aus fremden Ländern gebracht werden, über Gold und Silber zu schätzen, und aus ihnen Zierrathen zu machen, die selbst die Stände der Menschen unterscheiden. Diese allgemeine Empfindung hat die Menschen längst gelehret, daß sie auch wahre Verdienste belohnen, und eben durch bloße Belohnungen ihren äusserlichen Werth bestimmen müssen. Sie haben die Ausübung dieser grossen Lehre in verschiedenen Weltaltern verabsäumet, aber auch dadurch zum Unglück der Welt oft die Seltenheit der Verdienste veranlasset. Denn was die Welt nicht schätzt, findet selten Liebhaber, die es als ein Kleinod mit eifrigen Bemühungen suchen. Seit daß aber ein gereinigter Geschmack die Wissenschaften geläutert hat, hat man angefangen, wahre Gelehrten hochzuschätzen, und die allgemeine Hochachtung, zu der die Verbesserung der Erkänntniß die Menschen

schen fähig gemacht hat, war jenen Wohlthätern des menschlichen Geschlechts statt aller Belohnung. In den vorigen Zeiten sahe man nicht genug auf die wahren Verdienste des Frauenzimmers, welches auf die Verbesserung des denkenden Geistes, einen eben so grossen Anspruch hat, als das männliche Geschlecht. Es zeigen uns zwar die verflossenen Jahrhunderte manches Exempel eines grossen, und tiefgelehrten Geistes unter dem schönen Geschlecht; und die Verdienste desselben blieben nicht unerkannt. Allein man lobte sie so, daß selbst das Lob andere von der Nachahmung abschreckte. Man forderte, um loben zu können, die Kenntniß gelehrter Sprachen, viele durchlesene Folianten, und eine grosse, obwohl unnutzbare Erkänntniß, die zu weiter nichts nütze, als mit vielen Anführungen Bücher zu schreiben, oder ein Lehramt auf einer hohen Schule zu führen. Wahre Verdienste, denen ein jedes Frauenzimmer nachjagen muß, bestehen in der wahren Verbesserung des Verstandes und des Willens. Eine Person, die diese Vorzüge besitzet, darf der Welt nicht unbemerket bleiben. Die Bekanntmachung ihrer Verdienste reizet zur Nachahmung, und diese Nachahmung macht das menschliche Geschlecht glücklich. Auch solche Verdienste sehen unsere Zeiten. Denn da die Dichtkunst eine besondere Uebung ist, worin sich auf eine besondere Art eine Seele, die Religion und Tugend kennet, und diese kostbare Schätze nebst ihren Nebenmenschen eifrig liebet, zeigen, üben, und sich grösser machen kann: so hat man auch Frauenzimmer mit Würden zu belohnen gesucht, deren Verdienste hierin bekannt geworden.

Da mir nun die fürtrefliche Gedichte der Hochedlen Jungfer, Jungfer **Polyxena Christiana Augusta Dilthey** in Stadthagen, welche unter
dem

dem Titel: Proben poetischer Uebungen eines Frauenzimmers, in Altona herausgekommen, bekannt geworden; auch ausserdem ihre Gottesfurcht, ihr edles Herz, ihr schöner Geist, und eifrige Begierde, womit sie allem demjenigen nachforschet, wodurch sie sich und ihren Nebenmenschen bessern kann, mit sehr angerühmet worden; Sie auch schon von der Königl. Teutschen Gesellschaft in Göttingen in diesem Jahr wegen ihrer, auch dieser Gesellschaft nicht unbekannten Geschicklichkeit und Verdienste, unter die Zahl ihrer Mitglieder mit aufgenommen worden: so habe ich, da vermöge des höchsten Freyheitsbriefs, der von weiland dem glorwürdigsten Kaiser Maximilian II, der hiesigen Herzoglich Braunschweig-Lüneburg-schen Universität allergnädigst verliehen, und in welchem dem jedesmaligen Rector der Universität die Comitiva Sacri Palatii Lateranensis allermildest geschenkt worden, mir die Gewalt und Macht zustehet, diese Verdienste mit derjenigen Würde zu belohnen, die eigentlich für dieselben bestimmet ist, die von bemeldeter Jungfer wolverdiente Ehre Derselben öffentlich hiedurch ertheilen wollen.

Dahero ernenne und erkläre ich Franz Dominicus Häberlin, der Philosophie und beyder Rechten Doctor, des Staatsrechts und der Geschichte öffentlicher ordentlicher Lehrer auf der Herzogl. Julius Carls Universität, und dermaliger Vicerector der Julius Carls Universität, und also aus allerhöchsten Kaiserlichen Gnaden Comes Palatinus Caesareus, kraft der dieser hohen Würde, anklebenden Macht, Gewalt, und Freyheit, obbemeldete Hochedele Jungfer, Jungfer **Polyxena Christiana Augusta Dilthey**, zu Stadthagen, der Königl. Teutschen Gesellschaft in Göttingen Mitglied, wegen aller Ihrer obenangeführten

führten Verdienste, zur Kaiserlichen gekrönten Poetin, und ertheile Derselben alle Ehren, Gerecht=
same, Vorrechte und Freyheiten, welcher alle Kaiser=
liche gekrönte Poeten und Poetinnen je genossen ha=
ben, und noch geniessen, es sey durch Recht oder durch
Gewohnheit, und mache sie dadurch allen gekrönten
Poeten und Poetinnen im H. R. R. völlig gleich, daß
sie dadurch aufgemuntert werde, Ihre schönen Gaben
ferner, wie sie bisher rühmlichst gethan, zur Ausbrei=
tung der Gottesfurcht und Tugend anzuwenden; auch
daß andere durch ein so nachahmenswürdiges Exempel
gereizet werden. Urkundlich ist dieser offene Brief mit
meiner eigenen Hand unterschrieben, und mit der Uni=
versität Insiegel besiegelt worden. So geschehen in
Helmstedt, den 11ten des Weinmonats im Jahr
Christi 1751.

(L. S.)

Bey dem Tode
der wohlseligen Frau
Oberconsistorialräthin Büsching,
welcher in der Nacht vom 21 bis 22ten April
1777 erfolgte,
widmeten
dem Herrn Oberconsistorialrath Büsching
Ihrem würdigen Herrn Director
diesen Trauergesang *)
die sämtlichen Professoren und Lehrer des vereinigten Berlin-
und Cöllnischen Gymnasii, und der davon abhängenden
Schulen.

Was Canitz litt bey seiner Doris Grabe,
    Das leidest Du nun auch, nun fühlst Du, daß
        ihr einst
Der bittre Schmerz, der Stam gezwungen habe
    Zu weinen, wie Du weinst.

O Freund, mit einem Boten aus der Höhe,
Die kein Gedank' erreicht, kein Blick erforschen kann,
Verliessen Dich die Freuden süsser Ehe,
    Du trifst sie nirgends an.

Vergeb-

Vergeblich suchst, Du Meer- und Erdbeschreiber,
In Dir bekannter Welt Dein schnellentflognes Glück.
Dort oben schwebt die würdigste der Weiber,
    Und kommt nicht mehr zurück.

Sie fand allda den Gott, den Sie hienieden
Oft in geheiligten Entzückungen besang,
Der Ihre Brust mit seinem Himmelsfrieden
    Oft wonnevoll durchdrang.

Von ihm empfieng Sie eine Dichterkrone,
Die unvergänglich schön um Ihre Schläfe blüht.
Ihm singt Ihr Mund in niegehörten Tone
    Ein süß und neues Lied.

Zu Ihr gesellt sich Mirjam und Debore,
Auch Englands frommgepriesne Rowe singt mit Ihr,
Der Himmel wird erfüllt von ihrem Chore,
    Tönts nicht herab zu Dir?

Hörst Du nicht Ihre Stimme sich erheben?
Vernimmst Du nicht, was Sie Eloah schon gelehrt?
Der Gott, den Sie in Ihrem ganzen Leben
    Bewundert und verehrt?

Sie kannt' ihn hier in einer jeden Blume,
Fand seine Lieb und Huld in jedem Sonnenschein,
Und redete von seiner Allmacht Ruhme
    Beym Wurme zart und klein.

Ihr

Bey dem Tode
der wohlseligen Frau
Oberconsistorialräthin Büsching,
welcher in der Nacht vom 21 bis 22ten April
1777 erfolgte,
widmeten
dem Herrn Oberconsistorialrath Büsching
Ihrem würdigen Herrn Director
diesen Trauergesang *)
die sämtlichen Professoren und Lehrer des vereinigten Berlin-
und Cöllnischen Gymnasii, und der davon abhängenden
Schulen.

Was Caniz litt bey seiner Doris Grabe,
    Das leidest Du nun auch, nun fühlst Du, daß
        ihr einst
Der bittre Schmerz, der Gram gezwungen habe
    Zu weinen, wie Du weinst.

O Freund, mit einem Boten aus der Höhe,
Die kein Gedank' erreicht, kein Blick erforschen kann,
Verliessen Dich die Freuden süsser Ehe,
    Du triffst sie nirgends an.

Vergeb-

*) Verfertigt von Madame Karschin.

Vergeblich suchst, Du Meer- und Erdbeschreiber,
In Dir bekannter Welt Dein schnellentflognes Glück.
Dort oben schwebt die würdigste der Weiber,
    Und kommt nicht mehr zurück.

Sie fand allda den Gott, den Sie hienieden
Oft in geheiligten Entzückungen besang,
Der Ihre Brust mit seinem Himmelsfrieden
    Oft wonnevoll durchdrang.

Von ihm empfieng Sie eine Dichterkrone,
Die unvergänglich schön um Ihre Schläfe blüht.
Ihm singt Ihr Mund im niegehörten Tone
    Ein süß und neues Lied.

Zu Ihr gesellt sich Mirjam und Debore,
Auch Englands frommgepriesne Rowe singt mit Ihr,
Der Himmel wird erfüllt von ihrem Chore,
    Tönts nicht herab zu Dir?

Hörst Du nicht Ihre Stimme sich erheben?
Vernimmst Du nicht, was Sie Eloah schon gelehrt?
Der Gott, den Sie in Ihrem ganzen Leben
    Bewundert und verehrt?

Sie kannt' ihn hier in einer jeden Blume,
Fand seine Lieb und Huld in jedem Sonnenschein,
Und redete von seiner Allmacht Ruhme
    Beym Wurme zart und klein.

Ihr

Ihr Auge hob sich in gestirnten Nächten
Empor, und sahe da des Schöpfers Herrlichkeit
Um seinen Thron zur Linken und zur Rechten
　　In Welten hingestreut.

Ihr Ohr vernahm im Säuseln sanfter Lüfte
Den Allbarmherzigen, der Dich anjetzt betrübt,
Und dermaleinst beym Oefnen aller Grüfte
　　Sie Dir zurücke giebt.

Da findest Du den holden Engel wieder,
An dessen treuem Arm Dir alles leichter ward,
Was Du gethan zum Besten Deiner Brüder
　　Auf weltberühmte Art.

Dann wirst Du Ihr die beyden Söhne bringen.
Und o! dann werdet Ihr des neuen Himmels Pracht
Und die ganz umgebohrne Erde singen
　　Von Gott hervorgebracht.

Isaac Daniel Dilthey,
Empfindungen,
dem Andenken seiner theuren Tante
gewidmet.

Wohl Ihr! Sie hat den Sieg errungen!
 Wohl Ihr! Wohl Ihr! Sie ist beglückt!
Sie ist am Ziel, nach dem aus trüben Dämmerungen
 Noch dies mein Auge blickt.

Und dennoch fliessen meine Thränen?
 Beneid' ich, Selige! Dein Glück?
Wie? oder fordert Dich dies kummervolle Sehnen
 Vom Ewigen zurück?

Zurück in dieses kleine Leben,
 Wo Schmerz sich unter Freuden mengt?
Aus jener bessern Welt, wo Dich, von Heil umgeben,
 Kein Gram, kein Leid mehr kränkt? —

Zwar viel hab' ich in Dir verlohren!
 Mein ganzes Herz bezeugt es Dir;
Du warst, an deren Statt die mich zur Welt gebohren,
 Die zweyte Mutter mir.

Du

Du liebtest mich mit seltner Treue;
Mehr, mehr als ich Dir danken kann;
Und Du bist hin! — bist hin! — Es fällt der Schmerz
         aufs neue
Mein Herz gewaltig an.

Ruf ich Dein Bild in meine Seele,
So fließet Zähr' auf Zähre hin;
Ich fühle dann, wie viel, wie viel in Dir mir fehle,
Und wie gebeugt ich bin.

Doch, meiner Klage Lied soll schweigen;
Weg diese Thräne die noch rinnt!
Wol denen, die vor mir zum Himmel aufzusteigen
Von Gott gewürdigt sind.

Wohl Dir! Du hast nun schon gefunden
Die Theuren, die Du hier beweint;
Und, o! der Zeitpunkt kommt, vielleicht nach wenig
         Stunden,
Der einst auch uns vereint.

Der Zeitpunkt kommt, der Deinen Gatten
Hinüber zu Dir, Theure! bringt;
Wenn einst — Gott gebe spät! — sein Körper in
         den Schatten
Der kühlen Erde sinkt.

Dann! dann! des Wiedersehns Entzücken,
Wer kann es singen? Wessen Geist
Vermag die Seligkeit, die Wonne auszudrücken,
Die dort am Throne fleußt?

          Dort,

Dort, wo mein Vater, fest vereinet
Mit Dir, durch brüderliches Band,
An Deiner Seite geht, und Freudenthränen weinet,
Daß er Dich wiederfand.

Wo Deine Kinder, früh verschieden,
Bey Deinen treuen Eltern stehn;
Wo meine Mutter ist; wo wir, getrennt hienieden,
Uns alle wiedersehn.

Wo meine Schwester, meine Brüder,
Nun schon mit Dir ein Glück vereint;
Wo Jesus Christus selbst, der Herr, das Haupt der
                Glieder,
In vollem Licht erscheint.

Du starbest ihm; Du wirst ihm leben;
Ihm leben in der bessern Welt;
Wo nicht Gefahren mehr um unsre Häupter schweben;
Kein Gram das Glück vergällt.

Gott, der den Sieg Dir leicht gewährte,
Gott tröste Deines Herzens Freund,
Den Gatten, der in Dir, nun Himmlische, Verklärte!
So viel, so viel beweint.

Er lindre Deiner Söhne Schmerzen,
Die unaussprechlich Dich geliebt;
Den Gram versüße Gott, der Ihre frommen Herzen
Bey Deinem Tode trübt.

Wir,

Wir, die wir weinend Dich begraben,
Sehn einst verklärt Dich auferstehn;
Dann werden wir, warum wir Dich verlohren haben,
In hellerm Lichte sehn.

Dann werden wir auf stets vereinet,
Dann ohne Trennung glücklich seyn;
Dann, dann, Ihr Redlichen! die ihr itzt mit mir weinet,
Gehn wir zur Wonne ein.

Dann dank ich Dir vor Christi Throne
Für Deine Huld; dann führe Du
Die Eltern, die mich längst verliessen, ihrem Sohne,
Mich meinen Eltern zu!